闫珠琴　高伟

江西省生态产品价值实现
理论与实践

VALUE REALIZATION OF ECOLOGICAL
PRODUCTS IN JIANGXI PROVINCE

THEORY AND PRACTICE

经济管理出版社
ECONOMY & MANAGEMENT PUBLISHING HOUSE

图书在版编目（CIP）数据

江西省生态产品价值实现：理论与实践/胡国珠主编；黄海琴，高伟副主编 . —北京：经济管理出版社，2023.8

ISBN 978-7-5096-9223-3

Ⅰ.①江⋯　Ⅱ.①胡⋯ ②黄⋯ ③高⋯　Ⅲ.①生态经济—研究—江西　Ⅳ.①F127.56

中国国家版本馆 CIP 数据核字（2023）第 167450 号

组稿编辑：丁慧敏
责任编辑：丁慧敏
责任印制：黄章平
责任校对：王淑卿

出版发行：经济管理出版社
　　　　　（北京市海淀区北蜂窝 8 号中雅大厦 A 座 11 层　100038）
网　　址：www. E-mp. com. cn
电　　话：（010）51915602
印　　刷：北京晨旭印刷厂
经　　销：新华书店
开　　本：720mm×1000mm/16
印　　张：10. 75
字　　数：205 千字
版　　次：2023 年 9 月第 1 版　　2023 年 9 月第 1 次印刷
书　　号：ISBN 978-7-5096-9223-3
定　　价：98. 00 元

编　委

前　言

习近平生态文明思想是马克思主义生态观的丰富与创新，开辟了人与自然和谐发展的新境界。党的十九大报告对生态文明建设和绿色发展进行了着重阐释，并提出建设生态文明是中华民族永续发展的千年大计，表明我国生态文明建设和绿色发展将迎来新的战略机遇。要让绿水青山变成金山银山，让生态优势转化成为经济优势，把生态资源资本化、让生态产品成为生产力不啻为一种有效途径。

生态资源指为人类提供生态产品和生态服务的各类自然资源，以及各种由基本自然要素组成的生态系统，是人类赖以生存和经济社会发展的物质基础；除了为人类提供直接的有形产品以外，还能提供其他各种生态服务功能，包括调节功能、休闲功能、文化功能和支持功能等。生态资源与绿色发展、社会发展之间存在互动关系，绿水青山不仅能变成金山银山，还能够有效遏制和改善毁林毁草、填湖、企业污染环境、破坏资源等现象。如何让绿水青山变成金山银山是当前社会各界的研究主题，至今尚未达成广泛共识和形成可复制、可推广的经验。

本书以生态资源永续发展理论、生态经济学理论、绿色发展理论等为理论基础，以生态资源资产化和绿色发展、绿色经济相互发展为研究对象，总结江西生态产品价值转化的现实经验，积极探索政府主导、企业和社会各界广泛参与、市场化运作、可持续的生态产品价值实现路径与机制，为国家生态文明建设提供江西经验。

本书可作为国家生态文明建设、环境保护、资源开发利用等科研人员的参考资料，也可作为高年级本科生和研究生的拓展书籍。

目 录

理论篇

实践篇

理论篇

.

第一章　生态产品价值实现理论探析

第一节　生态产品价值实现概念

一、生态资源

生态资源指为人类提供生态产品和生态服务的各类自然资源，以及各种由基本自然要素组成的生态系统等。生态资源具备一定的使用价值，包括生态产品价值和生态服务价值，例如，土地、森林表现出物质性较强的使用价值，大气、水体则表现出生态调节、环境容量等生态服务方面的使用价值。生态资源是人类赖以生存和经济社会发展的物质基础，除了为人类提供直接的有形产品以外，还能提供其他生态服务功能，包括调节功能、休闲功能、文化功能和支持功能等。

二、生态资产

生态资产的概念尚未统一，有的学者认为生态资产即生态服务功能价值，也有学者认为生态资产即资源直接价值与生态系统服务功能价值之和。陈百明和张凤荣（2001）认为，生态资产是所有者对其实施所有权并且所有者可以从中获得经济利益的生态景观实体[1]。王健民等（2004）认为，生态资产是一切生态资源的价值形式，是国家拥有的能以货币计量的，并能带来直接、间接或潜在利益的生态经济资源[2]。潘耀忠等（2004）认为，生态资产是以生态系统服务功能效益和自然资源为核心的价值体现，包括隐形的生态系统服务功能价值和有形的自然资源直接价值两部分[3]。

生态资产具有经济学属性，即稀缺性、归属性、价值性和可交易性等。生态资产是在自然资源价值、生态服务价值以及生态经济产品价值基础上发展起来的，是三者的结合与统一，表征人类对生态环境、自然资源的认识达到了一个新的高度。随着经济社会的发展，全球性资源短缺、生态被破坏和气候变暖的现象突出，生态资源的稀缺性日益凸显。由于生态资源产权归属主要为国有，因此，通常被认定为社会"公共产品"，最终导致资源的过度开发与浪费。现有的生态资源管理制度并没有将资源作为资产，也并未按资产运营的规定进行经营与管理。生态资源资产化需明确产权归属，用资产的管理方法来约束资源的开发与利用，达到保护生态资源的目的。

三、生态资本

在全球性生态危机持续加剧的背景下，生态资本的概念逐渐产生。生态资本一度被视为破解环境保护与经济发展两难困境的有效途径。1987 年布伦特兰在《我们共同的未来》中提出，应该把环境当作资本来看待，认为生物圈是一种最基本的资本。"以环境形式而存在的生物圈作为一个整体构成了一种资本"的思想诞生了。随着国内外学者的不断探索和研究，生态资本的概念日趋成熟。生态资本是在自然资本的基础上提出来的。自然资本早期被狭义地理解为自然资源资产的价值。随着全球生态恶化形势的加剧，以及人们对生态环境认识水平的不断提高，人们对自然资本或自然资产概念的理解不再局限于自然资源的价值，而是涵盖了自然环境中可以为人类所利用的、表现形式丰富多样的所有物质或非物质价值形态，如生态系统服务价值。胡聃等（2004）认为生态资本是指人类或生物资源在与物理环境资源以及经济中介物品的相互作用过程中所形成的一个协调、适应的表现形态，并服务于一定的整体目标的生态实体[4]。沈大军等（1998）认为生态资本是指生态系统中所有能对经济做出贡献的生态因素的总和，具体包括三类：自然资源、生态环境的自净能力和生态环境为人类提供的自然服务[5]。王海滨等（2008）认为生态资本是一个边界相对清晰的"生态—经济—社会"复合系统，相对于其他生态系统具有明显或特殊生态功能和服务功能优势的生态系统，生态资本包括环境质量要素存量、结构与过程、信息存量三部分[6]。范金等（2000）认为生态资本是一个综合概念，在多数情况下主要包括自然资源的总量和环境消纳并转化废物的能力、生态潜力、生态环境质量以及生态系统呈现出来的各种环境要素的总体状态对人类社会生存和发展的有用性[7]。这是目前使用最为广泛的一种界定，成为生态资本"四分法"的代表性论点。

综上所述，生态资本是有一定产权归属并能够实现价值增值的生态资源，主要包括自然资源存量、环境质量与自净能力、生态系统的使用价值以及能不断产生使用价值的潜力资源。生态资本与生态资产既有区别又有联系。生态资本是能产生未来现金流的生态资产。生态资产与生态资本的实体对象是一致的，但只有将生态资产盘活，成为能增值的资产，经过资本运营实现其价值，才能成为生态资本，这一过程就是生态资产资本化。

生态资本的内涵包括：必须具有使用价值的自然资源才有可能成为生态资本，并非所有的自然资源都能转化为生态资本；所有符合生态资本条件的人造资源都能成为生态资本，从而扩大了生态资本的范围；具有价值的生态服务都能成为生态资本。生态资本最大的投资主体是政府。

四、生态产品

生态产品包括有形的生态物质产品和无形的、以满足生态需求为主的服务产品。有形的生态产品又称绿色产品，其特点在于节约能源、无公害、可再生。生态产品是一个新兴的概念，涉及生态学、材料学、物理学、化学、环境学、生理学等多门学科领域，因此目前对生态产品的理解存在着不同，关于生态产品的定义也就不同。生态产品同农产品、工业品和服务产品一样，都是人类生存发展所必需的。无形的生态产品，主要是指生态功能区所提供的生态服务，如吸收二氧化碳、制造氧气、涵养水源、保持水土、净化水质、防风固沙、调节气候、清洁空气、减少噪声、吸附粉尘、保护生物多样性、减轻自然灾害等。国家或地区对生态需求服务实施生态补偿，其本质是政府代表人民购买具有生态服务功能的产品。

五、生态产品价值

"生态产品价值"的概念是"生态哲学"的一个基础性概念，因而要想研究生态文明，必须弄清生态产品价值的含义。党的十八大报告中第一次使用了"生态产品价值"概念，标志着我党提出的科学发展观已经超越了西方建立在工业文明基础上的不可持续的发展观，成为与生态文明时代相适应的可持续的"新发展观"。生态产品价值即生命现象与其环境之间相互依赖和满足需要的关系，是满足人类社会对自然生态系统服务功能客观需要的主观价值反映，体现了人类社会和自然生态系统两个整体之间关系的重要性。生态产品价值包括环境的生态产品价值、生命体的生态产品价值、生态要素的生态产品价值、生态系统的生态产品价值。

生态产品价值主要包括三个方面的含义：第一，地球上任何生物个体，在生存竞争中不仅能实现自身的生存利益，还能为其他物种和生命个体创造生存条件，从这个意义上说，任何一个生物物种和个体，对其他物种和个体的生存都具有积极的意义（价值）。第二，地球上任何一个物种及其个体的存在，对于地球整个生态系统的稳定和平衡都发挥着作用，这是生态产品价值的另一种体现。第三，自然界系统整体的稳定平衡是人类存在（生存）的必要条件，因而对人类的生存具有"环境价值"。

对于生态产品价值概念的理解：首先，生态产品价值是一种"自然价值"，即自然物之间以及自然物对自然系统整体所具有的系统功能。这种自然系统功能可以被看作一种广义的价值。对于人的生存来说，它就是人类生存的"环境价值"。其次，生态产品价值不同于通常我们所说的自然物的资源价值或经济价值。生态产品价值是自然生态系统对于人所具有的"环境价值"。人也是生命体，也要在自然界中生活。人的生活需要适合人的自然条件，这些自然条件构成了人类生活的自然体系，即人类的生活环境。这个环境作为人类生存的必要条件，是人类的"家园"，因而生态产品价值对于人来说就是"环境价值"。

第二节　生态产品价值实现的理论依据

一、马克思生态哲学理论

马克思的生态哲学内涵极其丰富，它深刻指出了生态环境是人类文明发展的前提，强调了人类实践活动是沟通人与自然关系的中介，揭示了人与自然和谐发展是历史发展的必然趋势等。虽然今天人类面临的生态问题，无论从深度还是广度来说，都是马克思时代没有遇到的，但通过对马克思生态哲学思想的重新解读，其生态哲学思想依然能对我们有效解决生态问题做出科学指导，能够为我们建设新时代人与自然的和谐关系提供思想指南，对人们辩证地看待生态关系、采用科学的措施治理生态环境问题指明了道路。

（一）生态环境是人类文明发展的前提

所谓生态环境是人类文明发展的前提，是指生态环境作为一种不可或缺的自然条件，孕育了人类本身，改善人类的活动能力，推动人类文明不断前进。首先，生态环境是人类文明诞生的"母体"。马克思指出，"人直接地是自然存在物""有生命的自然存在物"。可见，马克思认为人是一种自然存在物，绝非神创论的产物，更不是绝对精神的人格化符号，而是洪荒宇宙在千百万年的自我演变中进化出来的一个物种。同时，人还是一种有生命的自然存在物，是一种有血有肉、有着各种欲望和需求的生命形式，可以说，人的血肉之躯和生存繁衍均离不开生态环境的哺育和馈赠。

其次，生态环境是人类文明活动的载体。马克思指出："没有自然界，没有感性的外部世界，工人就什么也不能创造。它是工人用来实现自己的劳动、在其中展开劳动活动、由其中生产出和借以生产出自己产品的材料。"可以说，在马克思的理论中，自然界是客观实在的物质世界，人正是在认识自然和改造自然的过程中形成了现实的物质力量——生产力，而生产力三个要素中，劳动者是最活跃的因素；劳动对象是自然物质进入生产过程的物质要素；劳动资料是人们在劳动中所运用的物质条件。可以说，正是劳动者运用劳动资料作用于劳动对象创造出劳动产品，从而推动人类文明不断前进。

最后，生态环境为人类文明进步提供滋养。马克思指出："从理论领域来说，植物、动物、石头、空气、光等，一方面作为自然科学的对象，一方面作为艺术的对象，都是人的意识的一部分，是人的精神的无机界，是人必须事先进行加工以便享用和消化的精神食粮。"可见，在马克思的视域中，自然界为人类文明的进步提供着丰厚的精神食粮。即人能够运用抽象思维能力，透过事物的表象，探析事物的规律，实现对知识的积累，增强自身的本质力量。同时，人还可以根据千变万化的自然现象和无穷无尽的物质属性，采集自己的灵感素材，丰富自身的精神追求。

（二）马克思理论科学开展生态文明实践活动

人对自然关系的实践活动体现在物质生产劳动实践、处理社会关系的实践和科学实验等重要方面，处理社会关系实践是协调人与自然关系的重要环节。马克思指出："只有在这些社会联系和社会关系的范围内，才会有他们对自然界的影响。"可以说，马克思在思考人与自然关系的问题的时候，是充分考虑到人与人之间社会关系的重要影响的。由于人与人之间在生产中所处的社会地位和社会关系不同，因此受生产关系所制约的生产方式就存在着质的区别，而在不同生产关系的支配下，生产者对于生产要素或生态环境的态度和方式就显现出巨大的差异，所以说，协调人与自然之间的关系，一定要把处理社会关系实践作为关键环节。

根据马克思的经典结论，生态问题涉及人与自然、人与人等多种关系问题，鉴于我国正处于社会主义初级阶段，社会生产力发展水平相对较低，对此，迫切需要改变现行状况，迅速提高劳动生产率，以此增强开发自然和利用自然的实际能力，从而为生态文明建设奠定雄厚的物质基础。同时，有效地调整经济结构和经济关系，改变单纯依靠资源要素和资本投入来拉动经济增长的做法，尽快把发展方式转变到以提高劳动者素质和科学管理的轨道上来。此外，还要注意发挥科学技术的重要作用，着重发展循环经济和节能经济，以此减少物质资源的消耗，降低环境污染排放，从而实现资源节约与环境友好的"两型社会"。

生态文化建设是生态文明建设的有效手段。改革开放以来，我国经济建设成绩显著，文化建设相比而言略为滞后，尤其是人们对生态文明建设的认识程度亟待提高。现今，生态文明建设已经上升为国家战略，因而提升公民的环境保护意识，应从生态文化建设入手，将环保行为内化为人们的自觉行为。通过发展生态文化，不断提升公民生态文明意识。维持攫取与付出的平衡，实现人与自然的"和解"，需要辩证地看待人与自然的关系。

马克思提出人化自然的观点，自然界同时也是人类的现实自然界，人们在认识和改造自然的同时，也要受到自然界的制约。同时，马克思主义生态哲学强调"先在自然"对社会发展具有制约性，人与自然的关系必须要以社会实践为基础，唯其如此，才能实现自然、人、社会的辩证统一。生态文明建设更是要处理好三者的辩证关系，一方面，人类社会要发展，前提是与自然界和谐相处；另一方面，人与自然的和谐并不意味着停止发展，而是要发展、要进步，但不能以违背自然规律为前提。简而言之，马克思认为科学实践的有益尝试和成功推广，对于促进人与自然之间的和谐具有积极意义。

（三）马克思理论指导人与自然的和谐发展

人与自然和谐发展是历史的趋势，是指人与自然之间始终存在着对立统一的关系，在不同的历史时期，这种关系的表现形式会有所差异，但总的趋势必定是两者之间彼此协调、共同繁荣。马克思指出："自然界起初是作为一种完全异己的、有无限威力和不可制服的力量与人们对立的，人们同它的关系完全像动物同它的关系一样，人们就像牲畜一样服从它的权力。"在渺小的人类面前，大自然以其无穷的威力，可以轻易抚平人类活动的痕迹，总之，人与自然间的统一关系贯穿于人类文明发展的初期。

伴随着市场经济的飞速发展和工具理性的过度膨胀，割裂人与自然关系的不当认识开始出现，譬如许多尊重自然、爱护自然的传统被打破，而蔑视自然、贬低自然的观念有所抬头，人不再视自己为自然之子，相反，视自己为自然的主人，把滋养自己的自然环境视为可以任意改造的对象而肆意为之，结果造成了资源的枯竭和环境的污染，最终也危害到自身。对此，深入研究马克思生态哲学，有助于正确认识我们在自然环境中的确切位置，有助于正确理解人与自然的历史渊源，有助于科学把握人与自然之间的有机关系，对于我们有效处理人与自然之间的矛盾具有重要的启示意义。

马克思认为，从本质上来说，人是从自然界里诞生出来的，是自然界发展到一定阶段的产物。社会实践是人类生命存在的基本形式，其实践活动的对象又是自然界，因此自然界是人类生存和发展的前提和基础。离开了自然界，人类就无法获取最基本的生活资料，人与自然就不能进行物质、能量和信息的互动。所以，马克思生态哲学认为人类是自然界的产物，人类无法离开自然，且必须依赖于自然才能生存和发展，因此人类必须尊重和善待自然，在保护自然的基础上与自然和谐相处、共同发展。

二、生态美学理论

生态美学是 20 世纪 90 年代以来美学界讨论的一个热点。针对当前全世界面临的生态危机与环境危机，中国生态美学的倡导者、建构者应对时代的需要，主张转变、超越传统的人类中心主义观念，并借鉴自然科学的新成就，将美学与自然科学（主要是生态学）有机融合，建立以生态关联为中心的新美学。对于生态环境问题，西方提出环境美学，中国推崇生态美学。有学者认为生态美学的优势在于能继承与发扬中国"天人合一"的传统思想，在新的基础上更新、转化优秀的前生态文化资源，有利于世界美学建设中中国话语权的建立。有西方学者认为环境美学的目的更明确，更重视对于生态问题的干预性，生态修复的公共性、介入性。

（一）生态美学的发展

生态文明初现时，有了人类与自然各种各样的均等生发，整体美学除整体性、衡生性外，又增加了绿色性，形成了绿色衡生性美学，如新实践美学，进而形成了环境美学、景观美学、生态实践论美学等共生论美学。哲学美学生态链逐环延展至此，已经显示出生态性美学向生态美学进发的历史趋势，生态美学呼之欲出。艺术美学的演化也形成了一条明显的生态链，从诗学到艺术哲学，再到生活美学，开辟了艺术美学生态化的新路径，形成了大众文化、生态批评、生态文艺学等生态艺术学的"学科群"，它们的相互对生，最终成就了共生质地的生态美学。

（二）从生态美学研究到生态环境实践

生态观念作为科学与哲学发展的新进展，是审视人与自然关系的新理念新思维新方法。"人类历史上继'农业革命''工业革命'后发生的'第三次革命'，是'人类生态时代'"的到来。随着生态思想文化研究的进一步深化，意识形态与审美观也相应拓展。生态美学作为新的立场和方向，成为美学研究新的起点。

生态美的形成融合了人类生态审美情感与情操，是生态意识更深层次的内化，是人与自然共生的自由。相对于以往的自然美，它不仅包含已经为人类把握的现实中的美，更包含着对于自然前提、自然的未知与自由的肯定。不仅移情于自然的本质，而且从自然生态中体验到自身的本质。在审美中加入生态的因子，凡是符合生态规律的就是美的、有价值的，例如自然美中曾被反复讨论和质疑的无人涉足的荒野，供生态自然吞吐、呼吸的滩涂、沼泽、洪水、山火，传统观点中于人有害的毒蛇、蚂蟥、大灰狼，以前人们目不忍视的消费过后的废弃物、垃圾、污水，在新的生态视域中，都将成为人们理应正视并为之负责的新对象，并上升到客观、理性以至包含广义生态审美情感的新对象。

同时，凡是违反生态规律、破坏生态整体平衡的现象和事物将被认为是恶与丑的表现。比如剥夺数量有限的动物生存权的皮草、鱼翅、象牙制品，污染破坏环境的影视拍摄，无视自然存在的大型建设与活动等，无论多么美轮美奂，多么价值连城，多么蛊惑人心，都是无价值、无意义的野蛮之物、愚昧之举，应该被制止、被排斥、被厌憎，甚至追究法律责任。

生态问题的解决，涉及最根本最深沉的价值追求。它是当代实践的潜在的规范。不仅是审美层面的玄思与情怀，更是需要渗透意识层面中理智与道德、信念与意志的恪守。生态实践的行动是否及时、有力，在很大程度上取决于人类主体的认知，包括当代生态社会学、生态经济学、生态法学、环境伦理学等对现实的研究、影响和制约。马克思、恩格斯所言的两种生产：一种为物质资料的生产，另一种为人自身的生产，两种边界与相关伦理的划分，确立着生态实践、生态理性与伦理的两种范围。审美生态圈的构成也必将兼顾这两个相对独立的范围，兼顾人与自然相对的独立。

人类的实践，既是生态危机的起点，又是生态美学建立的原因，还将是生态问题的归属、生态美学的衍生基础。劳动生产将人从自然中分离，人由此具有了社会性的一面，但不同于自然物的独立性，其始终又是辩证相对的，在与自然进行物质交换的过程中，两种生产的实践在人类历史与自然界历史的共进之间起着调节的作用，构成一种物质性的临界面，人类有与自然血脉相通的一面，同时这一关联又不断深化，在与社会性的交融中实现多层面多维度的发展。这一起点，让生态问题的解决、生态美的实现建立在"利益"而非"权利"和"愿望"的基础上。

随着社会的发展，生态还原不仅是生存的需要，更是审美的需要，工业、农业、商业，都将从本质而非工具的层面融合生态设计、生态审美的内容。同时，生态教育、生态文艺，都将具有新的审美观念与评判标准。大众生态观、生态运动的形成是生态实践的根本支柱，是推动环保事业不可逾越的基础。整体上，生态自由的创造，比单纯为了生存而克服外部物质障碍所取得的自由更前进了一步，在更深刻的意义上凸显出人类劳动的本质。在这一时代需求与风尚的引导下，生态美学将大有用武之地，并能以此为契机，将新的美学法则、规范、自由理想融汇进审美实践的创造。

（三）生态审美对生态实践的多维渗透

生态美学作为宏观的思想转向，将生态整体观作为新的因子，建构原理、原则层次的美学，并以此为尺度来阐释审美发生、审美现象，探讨审美价值和意义，并以此作为技术层面衡量实践的标准。

从未来生态改良、审美生存的社会进步趋势而言，从沟通实践与审美的设计领域来看，生态审美实践将影响未来人类生活的各个门类。从材料上看，资源的再利用、循环设计、节能等问题，将会在设计上改变以往的设计理念，将设计作为一个链接着生态自然的大系统，注重材料天然属性的维护，利于降解，减少浪费，并力求设计的美观与实用的统一。当前设计界，各个部类都出现了生态审美实践的经典之作。如英国诺丁汉大学建筑设计，合理利用废弃场地，充分运用太阳能、风能、植物、水汽，形成文化与生态完美结合的设计风格。

在生态美学理念的影响下，设计的经典化艺术化，反对废弃式设计逐步成为共识，设计中追求更加耐久的造型风格，如北欧保护主义设计"没有时间限制"的风格，崇尚文化品位与对时间的超越。进入后工业化时代，越来越多的设计师、劳动者开始从深层次上重视和提倡对环境的保护，从审美与功利共存的生态效应出发，贯彻可持续发展的"绿色设计"。

在审美教育的领域，生态的法则将重构传统教育的理念，创造主体精神生态美。相比传统美育，生态美育不再是少数人可以完成的专利，它是个体与大众整体行动的统一，是生态整体领域中形成的审美生存准则。它不仅在人类精神层面发挥影响，更侧重于人类实践。生态教育，从生态整体观的新视阈重新整理、过滤人类文明的成果，将科技、哲学、伦理、文艺等类别与自然生态前提整合，成为生态美育的资源与基础、个人与大众的统一，精神与实践的统一，科学与未知的统一，将成为生态审美教育新的内涵与意义。

在生态美理想的指引下，新的生态文艺将抛开工业化之前笼罩在人与自然关系上的温情脉脉的面纱，走入人类物质生产实践的深处、走入生态困境的深处，正视生态困境背后复杂严峻的人性冲突，正视人类欲求与生态环境保护之间的矛盾，跨越时代生态转折的临界点，从历史潮流的新视点出发，清理、辨析、转化前生态文艺，以批判现实主义的态度直面当代，创造面向未来的新文艺。与生态美育相同，生态审美实践中的文艺不再是个体精神性的慰藉，它是生态大前提下艺术与现实、与生活的统一，通过这一超越审美幻觉的文艺，塑造生态审美的人格，打造物质与心灵共同的自由。

生态理念作为美学的新起点，在当今美学与文艺学的研究中成果显著。在生态美的理想、情感与规则的更新之下，生态美学开放美构、扩张美域，转变人们的价值观，经由认知理性、回归现实、回归实践，生态美由此连接技术层面，实现审美与实践、物性与人性共同的敞开，成为时代美的前提以及形成显性与隐性的属性。但现实的条件下，生态审美实践仍是一个艰难、曲折的过程，矛盾错综的复合体，但也不可否认是未来的必由之路，激发活力的空间所在，希望这一理想实现的过程并不漫长。

三、可持续发展理论

(一) 可持续发展理论的产生

可持续发展观点的出现最早能追溯到 1980 年，世界自然保护同盟（IUCN）、野生动物基金协会（WWF）与联合国环境规划署（UNEP）在其共同发表的《世界自然保护纲要》文件中首次明确提出了可持续发展的概念。1987 年，布伦特兰女士在世界环境与发展委员会（WCED）的报告《我们共享的未来》中第一次正式使用了"可持续发展"这一概念，并将其定义为："既能满足当代人的需求，又不对后代人满足其需求的能力构成威胁的发展。"该报告中不仅给出了可持续发展的定义，还围绕可持续发展展开了系统性的阐述，该报告对可持续发展的定义也成为最被人们认可且影响深远的一个，此后学者们对可持续的定义多数都是在这一定义的基础上发展演化而成的。

1994 年，中国首次将可持续发展纳入《中国 21 世纪议程——中国 21 世纪人口、环境与发展白皮书》中，自此，可持续发展战略作为一个重要的组成内容被正式纳入了我国经济与社会发展的长期规划中。1997 年在党的十五大上，可持续发展战略更是被确立为中国在社会主义现代化建设中必然实施的战略，将可持续发展的内涵范围扩大到了社会、生态和经济三个层面。从哲学层面上来说，可持续发展是人与自然的和谐共处与统一。追根溯源，在马克思生态哲学思想中，我们也可以找到人与自然和谐以及人与人之间和谐内在统一的理论根源，可以这样说，当代可持续发展观念的哲学理论基础正是马克思生态哲学思想中的科学见解。

（二）可持续发展观与生态发展

可持续发展观对人与自然关系进行了最新的解读，它既没有让人从属于自然，更没有把人当作自然的主宰，对全人类的未来提出了最新的价值取向，强调了人与自然和衷共济、共同发展、相互促进的理念，这种发展理念不仅对现实问题提出了最新的应对方法，而且是对马克思生态哲学思想在新时代的继承和发展。

可持续发展的本质是为了在经济发展与环境生态间寻求一个动态平衡点，阐明经济发展与生态（包括环境）之间的动态平衡问题以及自然资源及其开发利用水平间的动态平衡。着重于从可持续发展的自然属性方面进行延展，将保护现存的环境系统并增强其生产能力与更新能力视作实现可持续发展的方式，从生物圈的角度来定义，将可持续发展视为能够保护生态的完整性和实现人类诉求，使人类的生存环境能够延续甚至不断优化的一种最佳的生态系统。可持续发展的社会意义在于为人类提供优质的生存环境，强调要将提高人类的健康水平和生活质量以及获取必需资源的途径纳入发展的范围，保护人们的平等自由和人权等，为人们提供良好的生活环境。可持续发展的重中之重是在保证公平性的前提下寻求经济最大程度的发展，只有建立在生态可持续能力、社会公正和人民主动参与自身发展决策的基础上的经济发展才是健康的；要在不对后代人的生存和发展构成威胁的前提下，满足人们的不同需求，使每一个个体都能得到充分的发展，同时还要对资源和生态环境加以保护。

四、"两山"理论

"绿水青山就是金山银山"（简称"两山"理论）是对迄今人类与自然关系的认识与实践的经验教训的总结，是对生态文明时代生产力构成变化趋势的把握，以及在此基础上对生产力理论的创新与发展。

（一）"两山"理论的由来

2005 年，习近平在《浙江日报》"之江新语"专栏发表评论文章《绿水青山也是金山银山》，科学阐述了"绿水青山"与"金山银山"的辩证统一关系。

文章指出，浙江"七山一水两分田"，许多地方"绿水逶迤去，青山相向开"，拥有良好的生态优势。如果能够把环境优势转化为生态农业、生态工业、生态旅游等生态经济优势，那么"绿水青山"就变成了"金山银山"。"绿水青山"可带来"金山银山"，但"金山银山"却买不到"绿水青山"，二者既会产生矛盾，又可辩证统一。我们要善于选择，找准方向，创造条件，让"绿水青山"源源不断地带来"金山银山"。

2003 年 7 月，根据习近平同志的设计，中共浙江省委第十一届四次全体（扩大）会议就提出了浙江未来发展的"八八战略"，其中之一就是"进一步发挥浙江的生态优势，创建生态省，打造'绿色浙江'"。2006 年 3 月全国"两会"期间，习近平同志在接受《人民日报》记者采访时提出"两鸟论"，同样蕴含和贯穿着绿色发展理念。他指出，浙江要坚定不移地推进经济结构的战略性调整和增长方式的根本性转变，养好"两只鸟"，一只是"凤凰涅槃"，另一只是"腾笼换鸟"。要拿出壮士断腕的勇气，摆脱对粗放型增长的依赖，主动推进产业结构的优化升级，积极引导发展高效生态农业、先进制造业和现代服务业。2013 年 9 月 7 日，习近平在哈萨克斯坦纳扎尔巴耶夫大学演讲时说："我们既要绿水青山，也要金山银山。宁要绿水青山，不要金山银山，而且绿水青山就是金山银山。"这是习近平总书记对"两山"理论所作的完整表述。

（二）"两山"理论是人与自然认识和实践的经验总结

"两山"之"山"既是实指，又是隐喻。随着人类实践的不断深入、认识能力的不断提高、精神境界的不断升华，人们对"两山"关系的认识日益深化。习近平总书记对人与自然关系的认识作出了新的概括与总结，提出了"人与自然是生命共同体"的论断，随着科技发展和生产力水平的提高，人与自然的关系主题变成环境与发展。发展不仅是经济的发展，更是人与自然的协调发展。上述论断深刻揭示了人与自然的同源性和一体性，即人与自然的内在统一性；"绿水青山就是金山银山"说明了自然环境要素与社会经济发展具有内在统一性。

"两山"关系，从狭义上理解是指经济发展与环境保护的关系，从广义上理解则指人与自然的关系。"人与自然是生命共同体"深刻表达了"对自然的保护实质上是人类的自珍、自爱，对自然的破坏实质上是人类的自残和自戕"的理念。故此，"人类必须尊重自然、顺应自然、保护自然"。"两山"理论隐含着人类对发展道路的选择指向。从"绿水青山"中得金获银之后，青山依旧苍翠涌金不断，绿水依旧长流流银不止，绿水青山源源不断地向人们提供财富，绿水青山真正成为传说中的聚宝盆，要求的则是蓄水养鱼式的发展方式，可称之为"生财"方式。

（三）"两山"理论是马克思理论的创新与发展

生产力是人类在生产实践中利用自然、改造自然的能力，是推动社会发展的决定性力量。在人类不同的文明发展时期，生产力的发展水平不同，生产力内部各构成要素对社会经济发展的贡献率有着很大差异，由此也决定了人们对生产力的认识水平也在不断提高。农业文明时期，生产力的实体性要素，即劳动者、劳动资料、劳动对象在生产中的作用最为突出，由此也导致了人们对生产力实体性要素的重视。工业文明时期，在生产力实体性要素发挥基础作用的同时，生产力中的协调性要素，即劳动的分工、协作和生产管理的作用愈益彰显，作为生产力渗透性要素的科学技术，对经济发展的贡献率愈益增大，由此也推动了人们对生产力构成认识的深化。马克思曾提出科学技术是生产力的一部分、生产力中包含科学的论断。

生态文明时代，环境要素在生产力中的作用日益明显，对经济发展的贡献率越来越大。正如习近平所说，"生态环境优势转化为生态农业、生态工业、生态旅游等生态经济的优势，那么绿水青山也就变成了金山银山"。生态农业、生态工业、生态旅游等通称为生态特色经济，它们是生态文明时代主要产业形态和主导的经济发展方式。其目标就是强调环境保护，实现经济效益和生态效益的统一。重视环境因素的综合利用、循环利用，最大化地创造出社会财富，同时也最大化地使环境得到保护，习近平创造性地提出了"保护生态环境就是保护生产力，改善生态环境就是发展生产力"的"环境生产力"理论，并以这一理论指导贫困地区的群众脱贫致富，指导人们寻找中国经济发展的增长点。"环境生产力"理论是对马克思主义"自然生产力"理论的继承和发展。

（四）"两山"理论指导生态文明建设

"两山"理论既来自实践又指导实践，它有着鲜活的理论内容，蕴含着强大的内在逻辑张力。它包含对美好生活向往的目标设定，为建设中国特色社会主义生态文明提供了科学的世界观和方法论。习近平在党的十九大报告中指出："我们要建设的现代化是人与自然和谐共生的现代化，既要创造更多物质财富和精神财富以满足人民日益增长的美好生活需要，也要提供更多优质生态产品以满足人民日益增长的优美生态环境需要。"谋民生福祉，保人民安康，是中国共产党人各项工作孜孜追求的奋斗目标，当然也是生态文明建设的根本目标。"人民日益增长的美好生活需要"的指向就是我们的工作方向。工作中要充分认识和正确处理发展经济与保护环境之间的辩证关系。既要反对强调发展经济而破坏生态环境的短视行为；也要反对为保护生态环境而放弃发展的消极做法。"绿水青山"是人的生存基础，也是社会经济发展的基础。"留得青山在，不怕没柴烧。"为一时的利益所遮蔽而破坏了环境，是得不偿失的，不能对环境做出竭泽而渔、杀鸡取卵的短视行为。"绿水青山就是金山银山"是通过矛盾的内在统一性对环境与发展关系的揭示，是"两山"理论的核心和精髓，也是"两山"理论最终的落脚点。将"绿水青山"变成"金山银山"需要一双慧眼。"绿水青山"具有多重价值：有物质的、精神的价值；有食用的、观赏的价值；有政治的、经济的、文化的价值；有生物的、历史的价值……如何因地制宜、最大化地发掘生态产品价值，同时还保证"青山常在，绿水长流"。"两山"理论是对经济与环境的相互依赖关系、人对自然的能动作用和受动作用的辩证统一关系的科学而深刻的认识。

第三节　生态产品价值实现的现实意义

一、工业化进程对生态环境的破坏

人类社会从农业文明开始历经 8000 多年的区域自治模式的发展，农业文明时期人类通过驯养动物、种植植物获取所需物质，地域扩张十分有限，对自然生态系统的影响甚微。300 多年前英国工业革命爆发，使人类社会发生了翻天覆地的变化，从此人类进入现代化的工业时代。如果说工业革命以前的人类文明更多地体现在人与自然的和谐相处，那么工业革命以来主要表现为人类对大自然的不断征服与改造，使得人与自然的关系由适应与被适应转向了征服与被征服的关系。工业革命后随着人类科学技术的发展，现代化工具的产生，人类大肆扩张生存空间，大量使用和过度开采能源资源，严重破坏了生态平衡。资源枯竭、土地荒漠化、温室效应与全球变暖、森林锐减、物种灭绝、淡水资源短缺等问题逐渐成为人类以及国际社会必须共同面对的世界性难题。生态环境没有替代品，用之不觉，失之难存。在人类发展史上特别是工业化进程中，曾发生过大量破坏自然资源和生态环境的事件，酿成惨痛教训。

二、生态环境保护的重要性

2013 年习近平在中共中央政治局第六次集体学习时指出"生态环境保护是

功在当代、利在千秋的事业"。要清醒认识保护生态环境、治理环境污染的紧迫性和艰巨性，清醒认识加强生态文明建设的重要性和必要性，以对人民群众、对子孙后代高度负责的态度和责任，真正下决心把环境污染治理好、把生态环境建设好，努力走向社会主义生态文明新时代，为人民创造良好生产生活环境。生态环境破坏既给生态系统造成直接破坏和影响，如沙漠化、森林破坏，也会给生态系统和人类社会造成间接的危害，这种间接的环境危害比当时造成的直接危害更大，也更难消除，这种由环境污染衍生的环境问题有滞后性，往往在污染发生的当时难以察觉，然而一旦发现就表示环境污染已经发展到相当严重的地步。

我国经过 40 多年的高速发展，国家经济、社会生产力和人们的生活水平都有了长足的进步。我国经济总量已经跻身于国际第二名，人均 GDP 进入中等发展水平，社会生产力的发展也已进入工业化的中期。根据发达国家的发展经验曲线，在中期工业化阶段，随着经济进一步增长，环境污染状况会逐渐减轻。但总体上，我国仍然是高消耗、高排放、低利用的传统经济增长模式，生态破坏问题日趋严重，环境污染加重趋势尚未得到遏制。环境问题依然是我国面临的较为突出的问题之一。在取得举世瞩目的经济发展成就的同时，也付出了较大的资源环境代价，生态环境成为全面建设社会主义现代化国家的短板，环境污染与生态破坏形势严峻，良好的生态环境日益成为稀缺资源。尤其是城乡和区域发展不平衡，部分生态脆弱、欠发达地区保持经济快速增长的诉求和压力长期存在。生态产品价值理念及实践从根本上突破经济发展与保护环境之间的对立，使环境保护成为经济发展的新增长极，使经济发展成为环境保护的内生动力。

"良好的生态环境是最公平的公共产品，是最普惠的民生福祉。"随着时代的变迁，人民群众从注重"温饱"逐渐转变为更注重"环保"，从"求生存"到"求生态"。可持续发展理念也从简单的人口控制维度转向复杂的合作博弈模型。扭转环境恶化、提高环境质量是广大人民群众的热切期盼，也是生态文明建设的内在要求。要决胜全面建成小康社会，就必须坚决打好污染防治攻坚战，做到生态环境保护与经济发展相协调，才能使全面建成小康社会得到人民认可、经得起历史检验，奋力开创社会主义生态文明新时代。

三、生态产品价值实现的现实意义

对接国际战略，为全球生态安全做出贡献。1987 年，联合国发布了影响全球的报告《我们共同的未来》，把人们从单纯考虑环境保护引导到环境保护与人类发展相互结合起来，认为环境危机、能源危机和发展不能分割，提出了"可持续发展"的概念，得到了国际社会的广泛共识。1992 年里约会议提出了全球范围内采取协调一致的行动方案，制定并实施了既满足当代人的需求又不对后代人满足需求的能力构成危害的全球可持续发展战略。这标志着人类发展模式实现了一次历史性飞跃，农业文明、工业文明之后又一个新文明时代——生态文明到来。

"生态兴则文明兴，生态衰则文明衰"，党的十九大明确了在全面建成小康社会的基础上，分两步走在 21 世纪中叶建成富强民主文明和谐美丽的社会主义现代化强国的宏伟目标。要实现中华民族伟大复兴的中国梦，就必须建设生态文明、建设美丽中国。

"要把生态环境保护放在更加突出位置，像保护眼睛一样保护生态环境，像对待生命一样对待生态环境。"党的十八大以来，习近平反复强调生态环境保护和生态文明建设，就是因为生态环境是人类文明存在和发展的条件，是我国持续发展最为重要的基础。人因自然而生，人与自然是生命共同体，人类对大自然的伤害最终会伤及人类自身。保护生态环境，是全球面临的共同挑战。党的十八大以来，我国生态文明建设成效显著，引导应对气候变化国际合作，成为全球生态文明建设的重要参与者、贡献者、引领者。良好的生态环境也成为展现我国良好形象的发力点。党的十九大报告更加明确地指出，坚持人与自然和谐共生，坚定走生产发展、生活富裕、生态良好的文明发展道路。

"纵观世界发展史，保护生态环境就是保护生产力，改善生态环境就是发展生产力"，生态环境与生产力直接相关，自然界中的生态环境是劳动对象和劳动资料的基础和材料。只要保护好了生态环境，就可以发展生态产业、绿色产业，实现经济价值，实现"绿水青山就是金山银山"。

"环境就是民生，青山就是美丽，蓝天也是幸福。"生态环境质量直接决定着民生质量，改善生态环境就是改善民生，破坏生态环境就是破坏民生。改善生态环境，建设生态文明，突出体现了以人民为中心的发展思想。良好的生态环境是人民群众生活质量的增长点。

参考文献

［1］陈百明，张凤荣．中国土地可持续利用指标体系的理论与方法［J］．自然资源学报，2001，16（3）：197-203.

［2］王健民，王伟，张毅，等．复合生态系统动态足迹分析［J］．生态学报，2004，24（12）：2920-2926.

［3］潘耀忠，史培军，朱文泉，等．中国陆地生态系统生态资产遥感定量测量［J］．中国科学（D辑：地球科学），2004，34（4）：375-384.

［4］胡聃，许开鹏，杨建新，等．经济发展对环境质量的影响——环境库兹涅茨曲线国内外研究进展［J］．生态学报，2004，24（6）：1259-1266.

［5］沈大军，梁瑞驹，王浩，等．水资源价值［J］．水利学报，1998（5）：55-60.

［6］王海滨，邱化蛟，程序，等．实现生态服务价值的新视角（一）——生态服务的资本属性与生态资本概念［J］．生态经济，2008（6）：44-48.

［7］范金，周忠民，包振强．生态资本研究综述［J］．预测，2000（5）：30-35.

第二章 生态产品价值实现要素

改革开放以来，我国坚持以经济建设为中心，取得了举世瞩目的成就。随着经济迅速发展，经济增长与生态环境的矛盾日渐突出，一方面，水土流失、土地退化、环境恶化等现象严重，耕地逼近 18 亿亩红线，优质的生态产品十分短缺，据环境保护规划研究院测算，生态破坏与环境污染损失占 GDP 比重为 7%~8%，2017 年生态破坏与环境污染损失达 8 万亿元，且呈逐年上升趋势，人民从"盼生存"到"盼生态"。另一方面，一些生态环境优良、重点生态功能突出的地区发展落后，"绿水青山"不能转化为"金山银山"。上述经济发展与环境保护的"二元悖论"说明，必须寻求百姓富、生态美的绿色发展新路。习近平强调，保护环境就是保护生产力，改善环境就是改善生产力。保护环境就是保护生态之基，就是保护了生命之源与未来发展空间，改善生态环境就是修复和维护支撑人类社会发展的生态系统，就是发展了生产力。生态产品价值转换是打破上述经济发展与保护环境"二元悖论"，改善环境是发展生产力的最有效途径。在研究生态产品价值转换理论与实践之前，本章重点探讨生态产品价值转换的构成要素、影响要素及优化组合。

第一节　生态产品价值转换的构成要素

研究生态产品价值转换的构成要素之前，须得弄清楚生态产品价值的构成。本节先探讨生态产品价值的构成。生态产品价值包括生态资源的天然价值、生态资源的经济价值以及生态资源的文化价值，产权、资金、人力、技术、制度、市场以及品牌是生态产品价值转换的基本构成要素。

一、生态产品价值的构成

生态资源具有资源、资产、资本三重属性[1]。"资源"强调的是生态资源的自然属性，是生态资源的实物量；"资产"强调的是经济属性，是生态资源作为生产要素进入生产经营过程成为生态资产后的价值，即实物量的货币化；"资本"是流动的资产，实质是生态资源产权的资本化。研究生态产品价值转换的路径，不可能脱离生态产品价值的构成。生态资源作为一种资产的价值构成，不同于固定资产等普通资产的价值构成，它包括生态资源的天然价值、生态资源的经济价值以及生态资源的文化价值。

（一）生态资源的天然价值

生态资源包括清新的空气、清洁的水源、肥沃的土壤、茂盛的森林等自然要素，是维持人类生存的基本要素，是人类生产资料和生活资料的基本来源，是人类社会发展的前提和动力，是经济建设和社会发展的重要物质基础[2]。在市场经济条件下，生态资源本身是一种具有价值的客观存在，并不取决于它是否进入生产过程或交易。根据效用价值理论，生态资源的有用性和稀缺性决定了生态资源的天然价值。有用性是生态资源具有价值的基础，稀缺性是生态资源具有价值的条件。生态资源的天然价值体现了自然生产力的一面，其大小取决于生态资源的质量、丰富度和地理位置。

（二）生态资源的经济价值

国家对重点生态功能区、自然保护区、流域保护区等，以人民自己的劳动或相对放弃发展经济的权利，保护生态环境与修复生态而生产的生态产品价值，以及给予青山绿水的保护者相应的经济补偿；或在产权明确的前提下，充分利用国际、国内两个市场，实现生态产品价值。在发展国内生态产品市场的同时，也可支持有条件的低碳企业参与国际碳汇市场竞争，同时，可吸引国际资本进入生态产业，进行生态资源的产业化经营[3]。这些价值就是生态资源的经济价值。

生态资源是环境的重要组成部分。随着我国经济的迅速发展，生态环境遭到不同程度的污染和破坏，例如土地荒漠化、水土流失、生物多样性锐减、空气质量下降等。这些污染和破坏，在使原有的生态环境价值受到损害的同时，也直接危害人类的生活质量和切身利益，必须对其进行修复和治理。修复和治理的过程就是生态系统正常服务功能的原有生态环境价值的过程。根据可持续发展理论，为恢复环境所消耗的人力、物力的价值即为环境损失成本，这部分成本就是生态资源的经济价值，属于生态资源价值的一部分，不应被忽略。只有认识到生态资源的环境价值，才能从源头上维持经济发展和环境保护相互协调的关系。

（三）生态资源的文化价值

文化价值是指能满足人类精神文化和道德需求的资源价值，体现的是一种科学文化价值，如美学观赏价值、文化艺术价值、科研学术价值等[4]。生态资源具有非常丰富的文化内涵，包括生态艺术、生态节庆文化、生态饮食文化、生态娱乐休闲文化、生态旅游文化。生态资源的文化价值是以生态文化为载体来满足人类精神文化和道德需求时表现出来的价值。文化价值是生态资源的"潜在价值"。这一部分价值也是由生态资源的效用性和稀缺性所决定的。生态资源的效用性是指生态资源的有用性。生态资源的稀缺性包括如下三个方面：一是人类开发活动使大量自然资源减少、枯竭和耗尽；二是生态资源和自然条件的贫化、退化和质变；三是生态系统的生态结构、生态平衡被摧毁和破坏。

随着经济的快速发展，居民收入水平逐渐提高，对生活质量和休闲的需求也逐渐提高，人们的生活方式开始发生改变，由此产生了更多的精神消费需求，真正意义上的休闲文化开始形成。生态饮食文化和生态旅游文化也逐渐受到人们的重视和青睐。

生态资源的天然价值是固有的，是经济价值和文化价值的基础。没有天然价值的生态资源也就不存在经济价值和文化价值。生态资源的天然价值是大自然赋予的，体现了大自然的创造力。生态资源的经济价值和文化价值是由人类开发创造产生的，和人类活动紧密相关，同时也能给人类带来"金山银山"。

二、生态产品价值转换的要素

江西省生态优势突出，是全国最"绿"的省份之一，2017 年末地表水Ⅰ～Ⅲ水质达标比例为 88.5%，完成造林面积 134.1 万亩，森林覆盖率稳定在 63.1%，均居全国前列。但 2017 年江西省 GDP 总值为 20818.5 亿元，全国排名第 16，人均 GDP 为 40220 元，全国排名第 23，与广东、江苏、山东及浙江等经济大省差距巨大。必须寻求百姓富、生态美的绿色发展新路——生态产品价值转换，将"绿水青山"转换为"金山银山"。生态产品价值转换有政府途径和市场途径，政府途径主要是通过政府转移支付和政府赎买，市场途径主要指打造绿色生态牌，发挥比较优势，发展以生态资源为要素的生态利用型产业，让生态环境成为有价值的资源，与土地、技术等要素一样，成为现代经济体系高质量发展的生产要素；把优质生态产品的生产和可持续利用纳入社会生产总过程中的生产、分配、交换和消费四个环节，将生态产业培育成为新兴的"第四产业"，成为实现区域经济发展与生态环境保护双赢的突破口。用好山、水、林、气，加快发展生态旅游与休闲养生产业、健康医药产业、山地特色高效农业、林业产业、畜牧养殖业、饮用水产业。鉴于政府转移支付或者政府赎买的财政路径需要横向生态补偿配合，随着国家重点生态功能区转移支付制度的建立与完善，生态产品价值转换的市场化实现途径是需要重点研究的课题，先明确以下生态产品价值转换的构成要素：

（一）产权

产权是经济所有制关系的法律表现形式。它包括财产的所有权、占有权、支配权、使用权、收益权和处置权。在市场经济条件下，产权的属性主要表现在三个方面：产权具有经济实体性、产权具有可分离性、产权流动具有独立性。产权的功能包括：激励功能、约束功能、资源配置功能、协调功能。以法权形式体现所有制关系的科学合理的产权制度，是用来巩固和规范商品经济中财产关系，约束人的经济行为，维护商品经济秩序，保证商品经济顺利运行的法权工具。

党的十八届三中全会首次提出要健全自然资源资产产权制度和用途管制制度，并重申划定生态保护红线，实行资源有偿使用制度和生态补偿制度，改革生态环境保护管理体制。自然资源资产产权制度的关键是明晰自然资源产权，并通过合理定价反映自然资源的真实成本，使市场在生态环境资源的配置中起决定作用。

生态产品价值转换的基本前提是确定明晰的自然资源资产产权。生态资源在没有确定产权之前是公共资源，具有非排他性和竞用性，政府不能对其实行用途管制，且资源有偿使用制度和生态补偿制度不能建立，这样导致的结果是资源耗竭和生态破坏，生态产品价值不能转换为货币价值。生态资源在确定了产权之后，变成了私人产品，具有排他性和竞用性，生态资源的权属人具有生态资源的所有权、占有权、支配权、使用权、收益权和处置权。若生态资源权属归政府所有，政府便能对其用途进行管制，保护生态环境，政府也能将排污权、碳排放权在市场上进行交易，对污染物数量进行限制的同时实现生态产品价值转换；若生态资源权属归私人所有，便能对生态资源进行开发、生产，生产出生态产品并在市场上交易，获取经济利益，生态产品价值转换成货币价值，同时生态补偿制度也能建立起来。

（二）资金

生态产品价值转换离不开资金的投入，资金要素是生态产品价值转换的重要"助推器"。资金要素的推动作用，本身就是开放理念重塑的过程，在这一过程中，地区、行业、所有制的界限被打破，社会上的非公有经济、非文化企业和境外资金被吸纳进入生态资源价值的转换过程中，最终形成政府投入与社会投入相结合的多元化投资机制的格局。

投资是生态产业化经营、发展"生态+"产业体系的必要条件，是生态产业快速发展的"催化剂"。生态产业是除三产之外新兴的"第四产业"，与国民经济的大多数部门和行业都有着紧密的联系。对某种生态产业进行投资，对其他行业也有着极强的带动作用，比如发展生态旅游业，直接投入旅游消费部门的有食、住、行、游、购、娱六大类部门，间接涉及旅游消费的部门数量更多，如金融、保险等。

生态产业投资涉及宏观和微观两个层面。宏观方面主要涉及生态产业资金投向，包括促进生态产业经营的投资政策导向，投资结构、布局、时序、规模、模式、机制方式与主体，投资效益问题；微观方面主要涉及生态产业经营主体对具体生产项目的研究，包括项目投资政策的利益、项目涉及领域、项目生产的可行性、投资领域组合及投资风险、生态产品市场规律对生态产品生产投资的影响。对于生态旅游业投资的领域主要有旅游度假区、旅游区饭店、旅游区基础设施建设、旅游景区景点、旅行社、人造旅游景观等。

（三）人力

人力要素是生态产品价值转换最直接与最终的环境和力量。人力要素对生态产品价值转换的作用过程，是生态产业人才资源被吸纳进入生态产品价值转换的过程。

首先，需要管理型人才。管理型人才是具有广博知识和丰富社会经验的人才，是深刻了解人的行为及人际关系的人才，是具有很强组织能力和交际能力的人才，他们不但了解为什么做，而且还能把握行为变换，调动一切积极性去完成目标。为实现目标，他们机动灵活、应变能力很强。生态产品价值转换是生态资源作为生产要素，生产出生态产品并在市场上进行交换和分配以实现其价值的过程。生产、交换、分配和消费过程中的一切经济活动都是在管理人才的指挥和组织下进行的。管理人才的素质和能量的发挥，直接决定着生态产品从生产到消费整个环节中管理活动的质量、效率和效果。因此，提高管理者的素质，是生态产品价值转换效率的重要保证。为了实现生态产品价值转换目的，管理人才必须合理地组织人、财、物因素，有计划地指挥调节和监督其经济活动。

其次，需要设计和销售类人才。生态产品的生产过程，需要设计类人才，将生态资源设计成符合市场需要、受市场欢迎的生态产品，包括产品类型、产品形状、产品口味、产品包装等的设计。设计类人才是生态产品价值得以最大效率转换的直接要素。生态产品生产完成后进入市场销售，则需要销售类人才，将生态产品以最高的价格销售出去。没有销售类人才，生态产品销售不出去，生态产品只能完成社会生产总过程中的生产过程，不能实现交换、分配、消费过程，没有交换、分配和消费过程，生态要素只是变成了生态产品，价值并没有得到实现。

最后，还需要其他技术型人才。生态产品的生产和使用维护方面需要大量的研发人员，而生产过程中的技术含量较高，生产设备的操作与维修需要专业技术人员和维护人员，否则直接影响生产过程的正常运营。比如用冰雪资源开发一个滑雪场，化学器材、服装的生产和使用维护方面需要大量的研发人员，而滑雪设施的技术含量较高，造雪机设施的操作与维修及雪具的管理和维护也需要专业技术人员和维修维护人员，否则直接影响雪场的正常运营。

这些人才在生态产品价值转换过程的不同层次、位置上起到驾驭相应技术或管理活动全局的作用。如果这些人才未能发挥相应的作用或者在活动中失去主动权，那么生态产品价值的实现就会整体或局部在失控的状态下陷入无序，最终导致价值转换的失败。

（四）技术

技术为生态产品价值转换提供有效的保障。对于产品生产而言，资本、劳动力和技术都是影响产出率的基本要素，资本、劳动力投入不能无限制地增加，故它们对提高产出率的作用是有限的，技术进步是提高生产率的最终也是最有效路径。同样，对于生态产品生产过程而言，技术进步也是提高生态产品数量的最有效方式。

生态资源开发需要用到资源环境预报技术、环境信息技术、环境保护与生态环境监测技术、生物技术、生物资源持续利用技术、资源的综合利用技术和地底资源勘察与开发技术等。经济发展导致土地荒漠化、水土流失、生物多样性减少等环境恶化现象，对被破坏的环境进行修复，使其恢复生态系统正常服务功能，能增加生态产品供给。环境修复需要用到物理修复技术、化学修复技术和植物修复技术等环境修复技术，对这些技术的研究，有利于提高资源开发效率。研究产品生产技术，有助于提高生态产品产出率，从而提高生态产品价值，促进经济与环境协同发展。

中国正在坚定不移地实施"科教兴国"战略，科学技术是第一生产力。科技进步，推动我国经济大幅度发展，同时也给环境带来了负面影响。但这不能说明科技会对环境产生危害，而是技术没有全面提高，尤其是污染处理技术。故推动技术全面进步，特别是加快发展环境保护技术、污染处理技术以及环境修复技术等，是当前亟待解决的事，有利于提高我国生态产品供给量，提高生态产品价值，也能推动经济发展，促进生态产品价值转换。

（五）制度

经济学的研究方法总是注重把握三个变量：制度、行为、经济现象。制度决定行为，而行为决定着各种经济现象的发生。制度是社会组织的规则，这种规则通过保证人们在与别人的交往中形成合理的预期来对人际关系进行协调。一个社会如果没有实现经济增长，那就是因为该社会没有经济方面的创新活动提供激励，也就是说，没有从制度方面去保证创新活动的行为主体得到最低报偿或好处。

目前在生态产品价值方面没有充分考虑这些价值实现程度的问题。实际上生态产品价值并不能全部实现，有相当多的价值被消耗掉了，这部分消耗掉的价值与生态产品生产、分配、交换和消费过程中相关的制度安排有着非常密切的关系。制度安排通过许多途径对生态产品价值的转换产生非常直接的影响，如合约方式与行为、企业整合与兼并、资产专用性的利用与设计、产业集群中的分工、外部性问题的内部化等，这些问题都制约了生态产品价值转换程度。

毫无疑问，生态产品价值转换程度的高低不是由其所消耗掉的必要成本决定的，大部分是由其资源的利用效率决定的，相关的制度安排则决定了资源的利用效率。因此，必须健全与之相适应的制度技术体系，包括构建适应市场交易的生态产权制度，开展科学合理的生态产品价值评估，形成程序规范的公开交易机制等。

（六）市场

市场就是商品或劳务交换的场所或接触点。市场可以是有形的，也可以是无形的。在市场上从事各种交易活动的当事人，称为市场主体。市场主体以买者、卖者的身份参与市场经济活动，活动中不仅有买卖双方的关系，还会有买方之间、卖方之间的关系。如果不考虑政府的作用，市场经济体系中有两个部门：一个是公众（消费者）；另一个是企业（厂商）。

有形生态产品实质上是在生产或消费过程中加入生态性的商品，所以其本质上是商品。既然是商品，其价值实现就应当遵循市场原则，在市场上进行交易，并发挥市场机制在资源配置中的基础性作用，必须培育和发展生态产品市场体系。生态产品市场体系包括生态商品市场和生产资料市场，要素市场包括资本市场、劳动力市场、房地产市场、技术市场、信息市场等。

生态消费品市场是交换用于满足消费者的个人生活消费需要以及社会消费需要的生态消费品的商品市场，如生态农业品、生态工业品、生态旅游服务区等。生态消费品市场是整个市场体系的基础，所有其他市场都是由它派生出来的。所以，生态消费品市场是社会再生产中最后的市场实现过程，它体现了社会最终供给与最终需求之间的对立统一关系。生产资料市场是交换人们在物质资料生产过程中所需要使用的劳动工具、劳动对象等商品的市场，例如生态资源、机械设备、仪表仪器等。金融市场是资金的供应者与需求者进行资金融通和有价证券买卖的场所，是货币资金借贷和融通等关系的总和。金融市场作为价值形态与各要素市场构成相互依存、相互制约的有机整体。金融市场与各要素市场共同构成生态产品市场体系中的要素市场。

（七）品牌

品牌是人们对一个企业及其产品、售后服务、文化价值的一种评价和认知，是一种信任。品牌是一种商品综合品质的体现和代表，当人们想到某一品牌时总会和时尚、文化、价值联想到一起，企业在创品牌时不断地创造时尚、培育文化，随着企业做强做大，不断从低附加值向高附加值升级，向产品开发优势、产品质量优势、文化创新优势的高层次转变。当品牌文化被市场认可并接受后，品牌才产生其市场价值。

生态产品价值转换需要重视品牌建立和品牌的市场认可。当前随着生态环境的不断恶化，食品安全、药品安全问题日益引起大家的关注。生态产品因为在生产或消费过程中更注重生态性，所以生态产品往往意味着更健康、更环保。如何让消费者认可并接受这种高价格的产品是有形生态产品价值实现的重要一环，这往往需要政府或权威机构给予认证，并实施健全的产品认证制度。在政府公信力和行业标准的保证之下，打上生态认证标签的产品才能让消费者放心，并获得较高的价格认同。

我国极度重视生态功能区的生态产品服务功能。在保护重点生态功能区的生态产品服务功能的同时，发展该区域经济，必须实施生态品牌发展战略。一个地区如果进入了重点生态功能区的名单，那么也就注定了该区域内的产业发展会集中于生态产品发展，即生态农业产品、生态工业、生态旅游业等产业领域。如何让区域内的生态产业突破地域发展限制，实现其市场认可，其中重要一点就是可以推行生态认证，提升区域内企业的市场竞争意识，申请生态认证，提升产品的价值内涵和市场认知度。以生态农产品为例，无公害农产品绿色食品、有机农产品和农产品地理标志（以下简称"三品一标"）是我国重要的安全优质农产品公共品牌。

第二节　生态产品价值转换的影响要素

生态产品价值转换的影响要素主要包括环境质量、国家政策、地理区位以及绿色金融[5]。

一、环境质量

生态产品价值转换的前提是生态产品价值的存在，并且生态产品价值越高，转换的货币价值越高。环境是由各种自然环境要素和社会环境要素所构成，因此环境质量包括环境综合质量和各种环境要素的质量，如大气环境质量、水环境质量、土壤环境质量、生物环境质量、城市环境质量、生产环境质量、文化环境质量等。

优质的生态环境包括清洁的水源、清新的空气、肥沃的土壤、茂盛的森林、生物种类丰富、数量充足等。优质的生态环境可以用来生产优质的生态产品，如生态农产品、生态工业品等，还可以建立旅游区、度假区、农家乐等。环境质量越好，生产出来的有形生态产品更健康、更环保，消费者也更愿意接受更高的价格，从而促进生态产品价值转换。以生态农产品为例，"两品一标"是我国重要的安全优质农产品公共品牌，其市场价格远高于普通农产品。另外，生态产品具有极强的外部性，若仅某一地区环境质量优越，邻区环境质量极其恶劣，废水、废气、废渣排放量严重超标，那么消费者对该地区生态产品质量的印象也会大打折扣。特别是对于旅游区而言，若周边环境差，该旅游区的吸引力会严重下降。

环境质量好的地区，生态资源种类丰富、质量优越。生态资源是生产生态产品的基本要素，没有充足的生态资源，投入再多的资金、人力、技术等要素也无法生产出足够的生态产品，没有生态产品，市场交换没有物质载体，生态产品价值不能得到转换。特别是对于林地资源而言，目前我国林业发展模式逐渐发生转变：由木材生产为主转变为生态修复和建设为主，由利用森林获取经济利益为主转变为保护森林、提供生态服务为主。林木种类丰富、数量众多的森林能提供更好的生态服务，如净化空气、吸附灰尘等，生态产品价值更高。

二、国家政策

我国政府高度重视生态文明试验区建设和生态产品价值转换工作。党的十八大提出"增强生态产品生产能力",党的十九大报告提出"要提供更多优质生态产品以满足人民日益增长的优美生态环境的需要",完善生态产品价值实现机制是维持优质生态产品持续稳定供给的必要条件,是习近平总书记"两山"理念上升到"两山"理论的路径和通道,是实现"绿水青山就是金山银山"的核心要义,是践行"绿水青山就是金山银山"的重要举措。

任何一项经济活动都不同程度上受到国家政策的影响。生态产品价值转换过程中,从生产、分配、交换到消费的每一个环节,都会受到国家政策的影响。国家生态补偿政策指政府以各种方式对自然环境的保护者给予经济补偿,比如政府对重点生态区内禁止采伐的商品林通过赎买、置换等方式调整为生态公益林,使"靠山吃山"的林农利益损失得到补偿,实现社会得绿、林农得利;对重点生态功能区、自然保护区、流域保护区等的居民以自己的劳动或相对放弃发展经济的权利,保护生态环境与修复生态而生产的生态产品价值,应通过转移支付等形式予以体现,使绿水青山的保护者有更多获得感。生态补偿政策能大幅度增加生态产品产量,并且是实现生态产品价值的一种方式。

国家的税收政策也能影响生态产品价值转换。国家施行差别税负政策,对生态产品生产与交换过程给予一定的税收优惠,比如减少企业所得税、个人所得税、工商税等,同时考虑对环境污染、高耗能的产业产品增加税负。对生态保护区域以及生态脆弱区生产的生态产品实行零税负,同时,适度优化开发区的税负,促进生态产品供给和生态产品价值转换。

国家完善自然资源产权有利于实现生态产品价值转换。生态产品具有涵养水源、固碳释氧、维护生物多样性、景观游憩等多功能性,这就为创设多层次的生态产权交易体系提供了可能。将碳排放权、排污权、取水权、用能权四大生态产权分配纳入法律调整的范围,并赋予生态产权主体可自由交易的市场性权利。鉴于生态产品的区域性、公共性、外溢性等特征,需要加快建立不同层次生态产品区际成本共担、效益共享的利益补偿,通过创设区域"虚拟"市场或者依靠财政转移支付,实现生态产品供给成本的区际分摊机制,建立区域之间、企业之间生态产权公平分配与交易机制,提高生态产品价值的市场化实现程度,从而促进生态产品价值转换。

三、地理区位

地理区位对生态产品价值转换的影响非常大，主要表现在生态产品的生产和交换两部分。生态产品的产出率受地理位置的影响，同样的生态产品在不同地方生产产出率不同，地理区位好则产出率高，地理区位差则产出率低。最明显的例子就是生态农产品的生产。在地理位置不同的地方种植同样的农作物，产出率差异明显。首先，地理区位不同的耕地，自然条件有明显差异；其次，不同地区的耕地，机械化水平不同，比如平地可以充分利用机械化种植，而坡地机械则不能开到地里，没办法将所有生产要素充分利用；再次，地理位置好的地区，可以将耕地集约化利用，充分提高产出效率，增加生态产品数量；最后，地理区位不同的耕地，农户的种植意愿不一样，地理区位特别差的耕地，例如，坡度较高的山坡上的耕地，农户种植意愿几乎为零，农户种植意愿的差异是影响生态农产品产出率的最直接原因。

地理区位对生态产品交换价值的影响更为明显，尤其是对生态旅游业的影响。自然环境的地区差异是人们产生异地游动机的自然基础。终年生活在炎热或严寒地区的人们，总渴望能到另一种气候环境里去旅游，以避暑或避寒；城市里的人到乡村去踏青，领略乡村的自然风光，乡村的人却想到大城市来欣赏都市风貌，大家都是图个新奇。若各处都一样，没有新奇可看，去了既不能饱眼福，又得不到美的享受，人们何苦要外出远游呢？旅游业所需要的区位条件，通常是广阔的客源市场和品高景丰的风景区，并且有进出便捷的交通设施。适宜旅游业发展的区位条件，一般是旅游区要近邻中心城市和人口稠密区，周围交通干线密集，自然环境优美，旅游资源丰富，经济文化发达，等等。有了这种得天独厚的区位条件，旅游区的可达性肯定好，门槛游客量自然会大，旅游业一定会呈现欣欣向荣、蒸蒸日上的可喜景象；相反，假如旅游资源虽很丰富，但远离中心城市，交通不便，游人可望而不可即，或因经济不发达，人们无条件外出旅游，或因治安条件差，人们不敢去旅游，自然就失去了兴办旅游业的一些必要条件，即使建了一些旅游设施，最终也只能是闲置。苏州市的苏州乐园和福禄贝尔两大旅游企业的一兴一衰，真可谓是区位条件得失的典型。前者投资 5 亿多元，建在苏州城郊狮子山麓，有多条公交路线直达，整个苏州市民和国内外到苏州的游客都成了它的客源，几乎一年四季都是门庭若市。福禄贝尔为了同时占据上海和苏州这两个巨大的客源市场，特意选址在上海与苏州两市的交界处，投资 7 亿多元，以游乐设施和服务水准高于前者的优势，开展市场竞争；结果因上海和苏州两地的居民都嫌它太偏远，游人寥寥无几，开张不久就濒临倒闭。

四、绿色金融

绿色金融，是指金融机构在开展经营时兼顾可持续发展准则，积极支持节能环保项目融资的行为。在提出绿色金融之前，尽管金融机构也有向节能环保项目融资的行为，但那是偶然的、不经常的，并且单纯以追求商业利润为经营准则。绿色金融是践行"绿水青山就是金山银山"的金融支持手段，中国于 2007 年开始推行绿色金融政策，迄今已基本建立了绿色信贷、绿色债券、绿色基金"三位一体"的绿色金融体系。其中，2007 年推出《节能减排授信工作指导意见》，2012 年推出《绿色信贷指引》，2015 年推出《能效信贷指引》，2016 年又出台了《关于构建绿色金融体系的指导意见》等，为绿色金融的发展提供了良好的政策基础。

生态产品价值转换，需要经历一系列转化过程，包括产业催化、产权催化等，这些都离不开金融业的资金支持。在对生态资源进行产业运作或产权运作等经济运作之后，自然资本就可以转化为金融资本，从而可以产生更高的经济价值。通过自然资本的产业运作发展生态经济，主要是发展生态旅游、生态农业、生态工业、生态服务业、生态高技术产业。在自然资本通过产业运作发展生态经济的过程中，绿色金融发挥着无可替代的作用。绿色金融不仅能支持污染治理与碳减排，改善环境质量、应对气候变化，更能推动资源型产业及高效资源利用产业的发展，促进绿色资源开发、资源高效利用和产业升级。绿色金融的功能是通过货币这个"一般等价物"体现出来的，它可以购买产业运作所缺乏的土地、劳动、技术、厂房设备等生产要素，促进生态经济的发展。而且，具有政策支持的绿色金融能够缓解中小企业的资金不足，与创新相结合的绿色金融能够引导资源流向、促进产业升级，从而促进生态产品价值转换。

生态产品价值转换的过程中，融资的需求是多样的，需要多类型的金融产品与之匹配。生态产业是除三产之外新兴的第四产业，具有业务模式新、技术门槛高、不确定因素多等特点，更需要中长期的股权融资尤其是创业资本融资的支持。如果金融产品类型短缺、中长期的绿色股权和绿色基金发展缓慢，则严重影响生态产业的发展速度，不利于生态产品价值转换。

第三节 生态产品价值转换的优化组合

探讨生态产品价值转换的优化组合，有利于合理利用生产要素，提高生产效率，节约资源，提升生态产品价值。本书主要研究主体和客体的优化组合，政府、企业和个人的优化组合以及资产权属、资产流、资产库的优化组合。

一、主体和客体的优化组合

生态产品价值转换主体是指有目的、有意识地从事生态认识和生态实践活动的人，包括政府、企业和个人。在实践活动中，实践主体只能是人，同样，在生态产品价值转换活动中，生态产品价值转换主体也只能是人，包括人所组建的机构群体，即政府和企业。但并不是所有人都能成为生态产品价值转换主体，也不是任何人在任何条件下都能成为生态产品价值转换主体。只有那些从事感性的、现实的和具体的生态认识和生态实践的人才能成为生态产品价值转换主体。生态产品价值转换客体是指生态产品价值转换主体认识和实践的客观对象，即生态系统和生态产品价值转换过程。生态系统是指整个地球生态系统，包括自然生态系统和人工生态系统；生态产品价值转换过程包括生态产品的生产、分配、转换和消费的全过程。

生态产品价值转换主体和客体及其相互关系的问题在生态哲学中占有十分重要的地位。其实任何一种哲学实质上都是关于认识的学说，而"在主体和客体关系之外，就没有认识"。马克思主义哲学把实践观引入认识论，正确地解决了主体与客体及其相互关系问题。研究生态产品价值转换主体和客体的优化组合，先得厘清两者之间的相互关系。

生态产品价值转换主体与客体的关系是十分复杂的。生态产品价值转换主体和生态产品价值转换客体之间是生态实践关系、生态产品价值认识关系、生态产品价值转换关系等，而且上述诸种关系相互交织，形成生态产品价值转换主体和生态产品价值转换客体之间复合的关系结构：

（1）生态实践关系是生态产品价值转换主体和客体之间首要的和基本的关系，它决定生态主体和生态客体之间的其他关系。生态产品价值认识关系、生态产品价值转换关系都是基于生态实践关系而发生和发展起来的，因此它们归根结底要由生态实践关系决定和制约。

（2）生态产品价值认识关系在生态主客体关系中占有重要地位，因为人所从事的生态活动概括地说无非是认识世界和改造世界的活动，而为了更好地改造世界，必须正确地认识世界。因此，生态产品价值认识关系通过生态实践形成以后，就越来越有相对的独立性并对生态实践产生巨大的反作用。

（3）生态产品价值转换关系是渗透和包含于生态产品价值转换主客体的生态实践和生态产品价值认识关系当中，它们对生态产品价值转换主体的实践和认识活动也起着十分重要的制约作用。人的生态实践活动追求经济价值实现，生态产品价值转换主体在生态实践活动基础上形成的价值转换思路，对生态主体认识及实践活动的方向性、选择性，以及对生态生产活动的调节控制具有决定性意义。

生态产品价值转换过程中，主体和客体不是分离进行的两个过程，而是同一活动的两个不可分割的方面，它们是互为前提、互为媒介的，并且作为相互作用的两极，它们的地位不是固定不变的，而是通过对象化与非对象化的环节向对方发生渗透和转化。故而生态产品价值转换过程中主体客体的优化组合应该是主客体之间通过动态的相互作用而实现的统一，客体对主体具有制约性，主体对客体进行改造和超越。生态产品价值转换主体客体化及生态产品价值转换客体主体化的双向运动不断把主体和客体的相互作用推移和提高并发展到新的水平。

二、政府、企业和个人的优化组合

生态产品价值转换是一项系统工程，需要各方力量各司其职，各尽其力，形成强大合力。应构建政府为主导、企业为主体、社会组织和公众共同参与的环境治理体系。"政府管制度和平台，创造良好的制度环境与政策环境，对接好、引导好、服务好市场化乃至全社会的力量；企业要通过市场化的手段，通过技术创新、机制创新和理念创新成为保护环境的动力引擎、修复生态的主力军和提升自然资源质量的执行主体。"生态产品价值转换包括生态产品生产、分配、交换和消费的全过程，每个环节都需要政府、企业和个人的协力合作，才能最大程度实现生态产品价值转换。

增加优质生态产品供给，是增加生态产品价值的主要途径。政府可以通过生态购买的方式实现生态产品的市场化供给。生态购买既可以帮助生态产品的生产者脱贫致富，又能确保生态建设产品的形成、巩固以及被转化利用。生态购买以生态建设的成果（生态产品）为着力点，利用市场竞争机制，让个人、企业和外资竞相介入，成为生态产品的供给主体。生态购买不仅使生态产品商品化和货币化，实现生态致富，更重要的是增强市场意识，加速建设生态市场，充分发挥市场机制的作用，整合社会资源和力量，增强生态产品的生产和供给能力，确保生态产品的形成效率和转化利用速度，促使生态效益转化为经济效益。生态购买的实质是合同外包，是政府部门与私营企业签订合同或协议后，由后者生产某方面的生态产品，政府来负责监督合同的履行，并向后者支付费用，它是通过政府购买的形式购买企业生产的生态产品。

生态产品价值转换的主要途径是生态产业化经营，将生态资源变成可以在市场交易的生态产品。生态产业化经营要求按照社会化和市场化理念，开展生态资本化经营，推动生态要素向生产要素、生态财富向物质财富转变，促进生态与经济良性循环发展。生态产业化经营，需要由企业作为经营主体，企业提供资金、人力、技术等生产要素，将生态资源变成可以交易的有价值的生态产品。生态产业化经营还要在不影响生态系统服务功能的前提下，将生态环境优势转化为经济发展优势，发展"生态+"产业体系，提升区域产业竞争力。但生态产业化经营的前提是产权的确定，而产权的确定只能由政府负责。政府、企业、个人齐心协力，各司其职，共同推动生态产品价值转换，从而推动我国生态文明建设。

三、资产权属、资产流、资产库的优化组合

生态产品价值转换过程中，资产是指企业在生态产品生产过程中积累的可重用的过程和产品。生态资源进入生产过程变成可用于生产生态产品的生态资产，生态资产权属明晰是生态产品价值转换的关键。生态资产权属所有者拥有对生态资产的所有权、占有权、支配权、使用权、收益权和处置权。生态资产产权明确，有利于降低交易费用，提高资产配置效率。在生态产品价值转换过程中，将会涉及使用权的让渡，或者涉及受益权的分配，或者涉及生态产品价值的认定，或者涉及权责的认知。这些环节顺利进行的前提是产权明晰。唯有确定生态资源权属，才能将后续工作的执行和纠错成本降低，促进生态产品价值转换。

在生态产品价值转换过程中有三种资源在流动：资产流、信息流、状态流。资产流是指生态产品、生态技术等在整个生态产品价值转换过程中的流动；信息流是指由资产流而衍生的信息交换过程；状态流是指生态产品在价值转换过程中位置的变化。本章仅探讨生态产品价值转换过程中的资产流。所谓资产流，即互补性的生态产品、生产诀窍、丰裕度不同的企业资源等有形或无形资产的流动。在生态产品价值转换过程中流动的资产包括企业所需的原始生态要素、仪器设

备、生产线等有形产品，也包括专有技术、资本、管理咨询服务等无形资产。在生态产品价值转换过程中，企业无须精于生态产品生产全过程中的每一个环节。企业专注于自身核心竞争力相关的环节，与企业核心竞争力相关性弱的环节，企业可根据交易成本的大小，借助市场、网络和层级制三种方式组织资源。借助网络的力量，企业可以有更多的精力和资金发展自己的核心竞争力，而无须为全部生产流程花费资源。

生态产品价值转换过程资产库是生态产品生产过程中各类资产和产品生产过程的集合，任何一项对生态产品生产有用的实体均可成为过程资产的组成部分。生态产品价值转换资产库实现了对可重用过程和产品的管理，完全符合产品重用的思想，在生态产品生产过程中具有十分重要的地位，有利于提高资源利用率，减少浪费。本书认为建立生态产品生产过程资产库，将生态产品生产过程中积累的可重用过程和可重用产品纳入信息化平台进行统一管理，便于产品生产人员进行快捷的查询和使用，以不断提高资源利用率，从而提高生态产品价值。

明确资产权属，可以通过市场生产、交易生态产品，实现生态产品价值转换；通过资产流，企业可以了解市场生态产品从生产到交易的全过程中产品和技术信息，从而能够专注于自身核心竞争力相关的环节；通过构建资产库，可以提高资源利用率，从而提高生态产品价值。因此，本书认为政府确定资产权属、市场形成资产流、企业构建资产库，实现资产权属、资产流、资产库的优化组合，有利于提高生态产品生产、分配、交换和消费全过程中的效率，促进生态产品价值转换。

第四节　探索建立生态产品价值核算体系

习近平总书记强调："要建立健全生态产品价值实现机制，让保护修复生态环境获得合理回报，让破坏生态环境付出相应代价。"[6]建立健全生态产品价值核算体系，才能摸清"家底"、掌握动态，为推动生态产品价值实现提供科学依据。江西积极探索建立生态产品价值核算体系，着力推进生态产品的确权、量化、评估工作，努力解决价值核算概念不清晰、边界不明确、思路不统一等问题，依托自然资源统一确权登记，明确生态产品权责归属。

着力厘清生态资产产权。开展生态产品基础信息调查，按照"到企""到户"的原则，对各类自然资源的权属、位置、面积等进行清晰界定，对土地承包经营权、林权、传统村落（古建筑）确权颁证，建立生态权益资源库，构建分类合理、内容完善的自然资源资产产权体系。建立生态产品云数据库平台，精确掌握自然资源资产数量分布、质量等级、功能特点、权益归属、保护和开发利用情况等信息，开展生态产品基础信息调查，努力摸清各类生态产品数量、质量等底数。

研究制定价值核算标准。与中国科学院生态环境研究中心联合研究制定抚州市生态产品与资产核算办法，省发展改革委、省标准研究院等单位制定生态产品价值核算地方标准，明确从自然生态系统提供的物质产品、调节服务产品、文化服务产品三个方面12个科目进行核算，形成统一的生态产品价值核算指标体系、具体算法、数据来源和统计口径等，努力实现生态产品价值核算标准化。经过初步核算，抚州市2019年生态产品价值为3907.35亿元，是其2019年GDP值的2.59倍。

推动价值核算结果应用。研究制定生态产品价值年度目标考核制度，将生态产品价值总量及其变化、生态产品价值实现率等纳入县（市、区）高质量发展综合考核指标体系。探索建立生态产品价值核算结果的市场应用机制，将核算结果作为市场交易、市场融资、生态补偿等的重要依据。健全绿色发展财政奖补机制，根据生态产品质量和价值确定财政转移支付、生态补偿额度。抚州市制定了以水资源保护为核心的生态补偿体系，每年安排1亿多元支持水、森林、湿地、耕地等生态资源保护补偿，努力让保护修复生态环境的地区不吃亏、有收益、愿意干。

培育壮大绿色发展新动能。马克思主义认为，自然资源作为劳动资料，是构成生产力的基本要素。绿水青山本身蕴含无穷的经济价值，可以源源不断带来金山银山。建立健全生态产品价值实现机制，一个重要方面在于加快形成绿色发展方式，通过调整经济结构和能源结构，优化国土空间开发布局，培育壮大节能环保产业、清洁生产产业、清洁能源产业，推进生态产业化和产业生态化，持续培育壮大绿色发展新动能。

大力发展生态农旅产业。充分利用绿色生态优势，大力发展中药材、蔬菜、水果等特色生态种植，稻蟹、稻虾、稻花鱼等特色生态养殖，农家乐、古村游、温泉养生等生态农旅产业，加快发展林下经济，着力把生态要素转变为生产要素，把自然生态资源转变为经济发展效益。资溪县全面激活山水资源和本土文化，成功创建大觉山AAAAA级景区，推动旅游业快速发展，实现生态景观与生态文化有机融合。

科学布局发展生态工业。在严格保护生态环境的前提下，鼓励采取多样化模式和路径，科学合理推动生态产品价值实现。依托纯净水源、清洁空气、适宜气候等良好自然条件，积极发展数字经济、电子信息、生物医药等产业。培育壮大高新技术产业和战略性新兴产业，加快发展工业设计、现代物流等现代服务业，大力培育绿色发展的新业态新模式，积极构建以数字经济为引领、现代制造为支撑的绿色产业体系。

推动生态资源权益交易。研究制定市域生态资产交易管理办法，推动生态产品交易中心建设，开设275个市县乡三级账号，接入"赣服通"和江西省公共资源交易网，并在市、县（区）设置生态资产交易大厅，乡镇依托便民服务中心设置服务窗口，建立起全域覆盖的生态资产与生态产品市场交易服务体系，推动用能权、排污权、水权等要素交易，加快生态产品价值实现。乐安县实施了全省首个国际核证碳减排标准碳汇项目，通过"国有林场+公司"模式交易森林面积11.6万亩。

着力推动生态资产赋能增值。习近平总书记强调："要坚持不懈推动绿色低碳发展，建立健全绿色低碳循环发展经济体系，促进经济社会发展全面绿色转型。"建立健全生态产品价值实现机制，需要尊重自然、顺应自然、保护自然，牢牢守住自然生态安全边界，彻底摒弃以牺牲生态环境换取一时一地经济增长的做法，坚持以保障自然生态系统休养生息为基础，增值自然资本，厚植生态产品价值。江西以国家绿色金融改革创新试验区建设为契机，通过建设现代金融助推生态产品价值实现，努力把生态资源转化为金融产品。

搭建生态产品变现平台。按照"资源统一整合、资产统一营运、资本统一融通"的原则，打造"两山银行""湿地银行""森林银行"等金融服务中心，将原本碎片化的生态资源收储整合形成优质高效的资源资产包，通过资本赋能和市场化运作，推动生态资源变现。资溪县"两山银行"成立半年多来，全县新增生态产品价值权益贷款14.3亿元。通过培育绿色转型发展的新业态新模式，让良好生态环境成为经济社会持续健康发展的有力支撑。

拓宽生态产品融资渠道。充分发挥金融资本杠杆作用，创新生态资产融资授信方式，探索"生态资产权益抵押+项目贷"模式，鼓励金融机构开展生态资源抵质押融资创新，畅通金融资本赋能通道，支持区域内生态环境提升和绿色产业发展。广昌县开发砂石收益权质押贷款，以河道综合整治清理砂石销售收入为主要还款来源，获取贷款5.3亿元，用于抚河水源地保护和生态修复。

防范生态产品贷款风险。探索建立生态产品抵押、质押贷款风险分担缓释机制，建立生态资产收储担保机构，实行农村土地承包经营权、林权"两权"抵押风险补偿金制度，合作银行承诺按风险补偿金实际缴存总和的 8 倍安排贷款额度，财政按照贷款额度的 1/8 配置风险补偿金，政府与银行共同分担风险。截至 2020 年底，共推动抚州发放"两权"抵押贷款 112.18 亿元，不断拓展"绿水青山"与"金山银山"双向转化的渠道，持续将生态优势转化为发展优势，努力走出一条有特色、可复制、能推广的生态产品价值实现路径。

参考文献

［1］封志明. 资源科学的研究对象、学科体系与建设途径［J］. 自然资源学报，2003，18（6）：742-752.

［2］严立冬，谭波，刘加林. 生态资本化：生态资源的价值实现［J］. 中南财经政法大学学报，2009（2）：3-8+142.

［3］张家来，李玲，邢付英，等. 湖北省不同地区森林生态资源经济价值量研究［J］. 华中农业大学学报，2008，27（4）：527-531.

［4］谢高地，张彩霞，张昌顺，等. 中国生态系统服务的价值［J］. 资源科学，2015，37（9）：1740-1746.

［5］赵珂. 生态文明概念研究［D］. 江西财经大学，2022.

［6］郝吉明，王金南，张守攻，等. 长江经济带生态文明建设若干战略问题研究［J］. 中国工程科学，2022，24（1）：141-147.

第三章　生态产品价值实现路径

2019 年以来，国家先后批准在浙江省丽水市、江西省抚州市开展生态产品价值实现机制试点，积极探索"政府主导、企业和社会各界参与、市场化运作、可持续的生态产品价值实现路径"，深圳市盐田区和海南省也相继开展了生态产品价值实现试验，全国 52 家"两山"实践创新基地和 175 家国家生态文明建设示范县纷纷探索"两山"发展道路。生态产品价值实现大势所趋、方兴未艾，蓬勃发展的实践迫切需要科学的理论指导，全面厘清生态产品价值实现的理论逻辑与实践路径，显得尤为必要而紧迫[1]。

生态产品价值实现是一场深刻的社会变革，也是一次全新的实践探索。目前的困境集中体现在三个方面：

一是运行机制不畅。生态产品价值实现的关键是"让市场说出生态价格"，需要同时解决市场失灵和政府失灵的双重难题，现有机制难以有效解决这一问题，必须建立一套有效连接生产者和消费者的运行机制。

二是转化模式不足。由于生态系统的复杂性和生态产品的多样性，加之生态市场的培育明显滞后，目前尚未形成可复制、可推广的成熟模式。

三是政策保障不力。促进生态产品价值实现必须要让生产者有利可图，现有生态补偿标准偏低、范围过窄，加之补偿者和受偿者之间的利益博弈，导致生态补偿一直存在激励不足、效率低下的顽疾，其他相关政策又缺乏针对性、耦合性和时效性，难以提供有力保障。为此必须科学设计生态产品价值实现的关键机制、主导模式和创新政策。

第一节　生态产品价值实现的关键机制

生态产品价值实现的主要步骤可以概括为"算出来、转出去、管起来"，核心是要解决三个基本问题，即生态产品的价值到底有多大？怎样转化？如何保障？这就分别涉及生态产品价值核算、转化路径和政策创新，其中，价值核算是基础，转化路径是关键，政策创新是保障，相应的关键机制就包括生态产品价值实现的核算机制、转化机制和保障机制。

（1）核算机制。价值核算是生态产品价值实现的前提和基础，由于生态产品具有多种功能和多元价值，如何科学设计核算机制就成为必须突破的难点，其中的关键又在于科学设计核算流程和合理选择核算方法，以确保核算结果的真实、有效、合理、可信。根据联合国"千年生态系统评估"（MA）的共同框架，借鉴综合环境经济核算体系（SEEA）原理和方法，基于生态系统年度实际产出（GEP）实物量和功能量，确立典型生态系统的核算技术规范，通过界定核算区域范围、识别生态系统类型、编制生态产品目录、构建核算指标体系，借助能值分析法归一化估算出价值当量，综合运用直接市场法、替代市场法、虚拟市场法，分别核算出物质产品、调节服务、文化服务的实物量、功能量和价值量，加总得到年度生态产品的价值总值[2]。根据上述核算流程和方法，参考 GDP 核算机制设计出生态产品价值核算机制。

（2）转化机制。根据生态产品价值实现的内在逻辑，按照"生态资源→生态资产→生态资本→生态产品"的物质形态变换进程，综合运用产权、金融、技术、消费等的管理工具，分别提炼物质产品、调节服务和文化服务的价值转化途径与渠道，因地制宜发展生态旅游、生态农业、生态制造业、生态服务业和生态高新技术产业，全面提高生态产品的生产水平和供给能力[3]。在此基础上，充分考虑生态产品价值演变与传递过程，遵循存在价值、使用价值、要素价值、交换价值之间梯度递减呈现的一般规律，系统构建提高生态认知、加大生态投入、激励生态生产、引导绿色消费、培育生态市场的运行机制，通过"产业生态化、生态产业化"促进生态产品价值与经济价值的持续稳定协同增长，全面构建 GEP 与 GDP 双转化、双增长、可循环、可持续的生态产品价值转化机制[4]。

（3）保障机制。生态产品价值实现是一项复杂的系统工程，涉及环境、资源、产业、市场等多个领域，必须根据不同生态系统的生态区位、环境质量和资源禀赋，结合区域经济社会发展阶段和水平，围绕生态产品价值实现的重点领域和关键环节设计相应的保障机制，本章在总结国家生态产品价值实现机制试点经验的基础上，根据生态管理（Eco-management）的一般原理和方法，提出生态产品价值实现的保障机制框架，主要包括生态环境保护机制、生态资源开发机制、绿色产业发展机制和生态市场监管机制[5]。

第二节　生态产品价值实现的主导模式

由于生态系统的复杂性和多样性，生态产品具有多功能、多类型、多元价值特征，由此决定其价值转化模式也应当是多主体、多层次、多形态的有机结合。鉴于各地生态区位、环境质量和资源禀赋差别很大，客观上不可能采用统一的生态产品价值实现模式，必须因地制宜、因时制宜、因类制宜设计生态产品价值实现主导模式，考虑到生态市场的成熟度和经济社会发展阶段与水平，一个相对可行的办法是根据生态产品的功能和属性，按照公共产品、私人物品和准公共产品进行分类，分别构建政府采购、市场交易、公众参与三种主导模式[6]。

（1）政府采购模式。该模式适用于公共生态产品。主要包括维系区域生态安全、保障生态调节功能、提供良好人居环境的生态调节服务，具体采购方式是针对重要生态功能区（水源涵养、水土保持、气候调节、自然保护区、生物多样性保护区以及国家公园等）生态调节服务价值的年度增量，实行政府生态基金定向定比式采购。

（2）市场交易模式。该模式适用于私人生态物品。主要包括生态物质产品、生态文化服务、生态资源资产产权的市场交易。在建立健全生态产品定价机制的基础上，系统构建生产者对自然资源约束性有偿使用、消费者对生态环境附加值付费的市场交易模式。

（3）公众参与模式。该模式适用于准公共生态产品。主要包括生态公益服务、俱乐部物品、公共池塘资源等类型的生态产品，采取环境保护公益基金、生态资源储备与交易银行、土地休耕信托、生态信用奖惩等多种形式，实行企业和社会各界广泛参与的多元付费模式。

第三节　生态产品价值实现的政策创新

生态产品价值实现的关键是"让市场说出生态价格""让好产品卖出好价钱"，但由于生态产品是一种生态溢价的高附加值产品，受消费者生态认知和产品质量鉴别能力的影响，单纯依靠市场价格信号具有很大的局限性和不确定性，为保障生态产品高附加值的顺利实现，就必须在环境资源、绿色金融、生态市场等方面进行政策创新[7]。

（1）环境资源政策创新。在现有环境保护与资源管理政策基础之上，探索实行环境权益"总量控制—配额交易"机制，科学设置排放总量，合理确定初始配额，构建排污权、用能权、水权、碳排放等环境配额交易体系。同时探索环境附加值付费制度，实施环境损害赔偿制度。改革自然资源资产产权制度，拓展自然资源所有权权能结构，建立健全自然资源政府公示价格制度。

（2）绿色金融政策创新。充分利用金融衍生与创新工具，推进自然资源资产抵押融资，积极发展绿色信贷、绿色债券、绿色风投、绿色证券、绿色保险等。探索建立生态资源储备与交易的生态银行（湿地银行、土壤银行等）。建立健全生态信用评价与考核机制，实行生态信用与社会统一信用的联动奖惩，出台企业和个人生态信用授信与融资的相关政策。

（3）生态市场政策创新。综合运用市场监督管理各项政策，完善生态产品质量管控机制，建立健全生态产品定价与调整机制。健全生态产品认证制度，完善生态标签体系。积极培育生态产品区域公共品牌，建立健全品牌共享的准入与退出机制。通过构建生态产品交易平台形成"一级市场"，引入社会投资主体建立"二级市场"，拓宽生态资本融资渠道打开"三级市场"。

参考文献

[1] 刘江宜，牟德刚. 生态产品价值及实现机制研究进展［J］. 生态经济，2020，36（10）：207-212.

[2] 李忠. 长江经济带生态产品价值实现路径研究［J］. 宏观经济研究，2020（1）：124-128+163.

[3] 廖茂林，潘家华，孙博文. 生态产品的内涵辨析及价值实现路径［J］. 经济体制改革，2021（1）：12-18.

[4] 孙博文，彭绪庶. 生态产品价值实现模式、关键问题及制度保障体系［J］. 生态经济，2021，37（6）：13-19.

[5] 王学雷，吕晓蓉，杨超. 长江流域湿地保护、修复与生态管理策略［J］. 长江流域资源与环境，2020，29（12）：2647-2654.

[6] 陈宗铸，雷金睿，吴庭天，等. 国家公园生态系统生产总值核算——以海南热带雨林国家公园为例［J］. 应用生态学报，2021，32（11）：3883-3892.

[7] 沈辉，李宁. 生态产品的内涵阐释及其价值实现［J］. 改革，2021（9）：145-155.

第四章　生态产品价值实现制度保障

生态产品价值转换是理念、制度和行动的综合，它通过科学理念指引制度设计，通过制度规范和引导行动，从而构成一个完整的体系。最近把健全生态产品价值转换制度体系作为重点，凸显了建立长效机制在推进生态产品价值转换建设中的基础地位。我们应深化改革创新和模式探索，用制度保障生态产品价值转换的过程顺利进行[1]。

用制度保障生态产品价值转换是大势所趋。用制度保障生态产品价值转换，既是一项在"保护优先"价值取向下制定游戏规则的创新性工作，又是对现有制度安排的继承、改革与发展。我们既要正确认识其重要性、紧迫性和复杂性，又要稳慎探路、有序推进。

实现生态产品价值向经济价值进行转换，要以生态文明制度体系为支撑和保障。近年来，自然资源资产产权制度、生态环境损害赔偿制度、国家环保督察制度等生态文明"四梁八柱"性制度陆续出台，有效遏制了对生态环境的破坏，有力推动了各个地区经济发展方式的转变和生态产品价值的实现。党的十九大报告也提出了"要提供更多优质生态产品以满足人民日益增长的优美生态环境的需要"，完善生态产品价值实现机制是维持优质生态产品持续稳定供给的必要条件。同时应看到，建设生态产品价值转换既是攻坚战，也是持久战。将生态产品价值转变为经济价值的理念贯彻落实到经济社会发展各方面，需要进一步完善生态产品价值转换制度保障体系，严格落实生态环境保护制度，发挥制度鼓励绿色发展、倡导绿色生活的作用。

第一节　生态产品价值转换的产权制度

党的十八大以来，我国生态建设受到前所未有的重视，生态要素越来越成为和土地、能源资源一样重要的生产要素，农地经营权、林权、水权、排污权、碳排放权等生态资源资产的交易实践在各地试点创新层出不穷。然而，我国生态资源资产的产权制度及产权交易机制尚处在初步探索和试点实践阶段，其顶层设计的进程落后于交易实践。

我国生态资源的产权归属为国家所有和集体所有，基本上以公共产权形式存在，所以行政权在生态资源产权配置中起着主导和控制作用，行政管理成为生态资源的唯一安排，行政审批成为生态资源配置的主要方式。这种过度求"公"的所有权制度和对使用权、经营权的公共垄断、控制以及政府对市场的替代，阻碍了生态资源资产产权交易市场的发展，并造成生态补偿效率低下和社会成本陡增。

20 世纪 90 年代以来，我国生态经济模式开始尝试从政府管制为主转变成市场运作为主，生态经济的理论研究也逐渐聚焦于生态资源资产的产权交易市场化问题。但至今，生态资源资产的市场化交易无论是制度设计还是实践操作依然进展缓慢。构建合理的生态资源资产的市场交易机制，对于盘活生态资源资产、吸引社会资本投入生态补偿十分重要。

目前对生态资源资产的产权制度及交易机制研究，理论上主要是从宏观层面进行整体分析，即研究涉及产权经济学与生态经济学的交叉；同时，国内外学者对生态资源资产具有突出的生态产品价值和未被充分挖掘的市场价值，以及产权界定模糊阻碍了其价格实现的状况，基本达成一致[2]。实践中，多以行政区划为单位进行自主试点探索，虽然在区域产权市场建设、产权交易监管、拓展产权市场功能等方面取得一些成就，但产权制度顶层设计及相应交易机制的缺陷对实践的羁绊仍然十分明显。因此，探索完善我国生态资源产权制度，促进形成全国统一规范的产权交易市场，显得十分必要。

产权制度是指既定产权关系和产权规则结合而成的且能对产权关系实现有效的组合、调节和保护的制度安排。产权制度的最主要功能在于降低交易费用，提高资源配置效率。

长期以来，由于对生态资源资产的占有、使用、收益、处分等权利归属关系缺乏充足的学理解释，对其范围和责任体系缺乏准确判定，生态资源资产所有者权利与管理者权力不分，所有权与使用权混同，生态资源资产产权的配置效率极低，造成了生态资源的过度、低效甚至无效使用。生态资源资产产权制度坚持资源公有、物权法定，这是由我国社会主义制度所决定的，保证了生态资源资产的公有地位，同时通过法律形式科学划分不同所有者的权力边界，必将调动一切积极因素发展生产力。

生态资源资产产权制度允许所有权和使用权相分离，这是社会主义公有制实现形式的重大创新。生态资源资产产权制度科学地界定了生态资源资产的产权主体，明确了生态资源资产使用权可以有出让、转让、出租、抵押、担保和入股等多种形式，有效地解决了生态资源所有权的实现形式问题。无论是国有生态资源资产还是集体所有生态资源资产，在实现形式上都是平等的，不同的生态资源资产所有者可以采取相同的实现形式，同一生态资源资产所有者也可以采取不同的实现形式，这与我国的基本经济制度相吻合，不仅是自然生产力的进一步解放，也是社会生产力的进一步发展。

这种多元化的实现形式，在坚持生态资源公有属性不变的前提下，创造性地运用市场经济规律推进生态资源资产运行，运用市场手段引导生态资源向着能够发挥更高价值、更好功能、更有效率的使用者流动，充分发挥了市场在资源配置中的决定性作用，一改当前生态资源无偿或低价出让的局面，是有效克服"公地悲剧"的最佳手段，是我国社会主义公有制新的实现形式，必将推动各类生态资源价值的合理转换。

生态产品价值的概念仍在探索和发展中，归纳起来，生态产品价值即生态系统的总体性价值，是包括经济价值与环境价值的有机整体。生态产品的价值转换，是生态产品价值转换为经济价值制定的一项环境经济策略。但近年来，各地生态产品价值转换进展缓慢。地方政府为了推进生态产品价值转换的进行，采取了很多方法来推行制度保障生态产品价值的转换。但要更好地推动生态产品价值转换的全面实施，必须弄清楚生态产品价值转换的阻力来自何方。

经过调研发现，人们对生态产品价值转换很多基础问题尚不了解，更谈不上进一步推进。比如，生态产品定量分析怎样才算准确？各地区域生态保护标准是否应该"一刀切"？生态产品价值转换各地立法速度落后于生态问题发展怎么办？遇到法律不支持的实际问题能尝试新的管理和补偿模式吗？有人认为，这些问题没有统一明确的答案，实践起来就缺乏底气。但这一系列问题不应该成为生态产品价值转换保障制度发展的障碍。生态产品价值产权制度保障主要寻求的是公共资源的最优配置，在于进行公共产权资源的分配和运营。因此，应从新制度经济学中经常谈及的产权制度问题探讨生态产品价值转换问题。

从产权制度探讨生态产品价值转换，需要厘清以下三个方面的问题：

第一，生态产品价值转换的关键是产权明晰。所谓生态产品价值转换，就是在综合考虑生态保护成本、发展机会成本、生态产品和生态服务价值的基础上，采取财政转移支付或市场交易等方式，将生态产品的生态产品价值转换为经济价值。其启动的起点恰恰是要明晰产权。在价值转换的各环节，或者涉及使用权的让渡，或者涉及受益权的分配，或者涉及补偿的认定，或者涉及权责的认知。这些环节顺利进行的前提是产权明晰。唯有将价值转换双方的生态产权细分、落实，才能将后续工作的执行和纠错成本降低。

需要特别注意的是，由于我国欠发达地区与重要生态功能区、生态敏感区与生态脆弱区在地理空间上高度吻合，使得生态产品价值转换肩负解决"生态产品、生态服务严重短缺"和"扶贫攻坚"这两大难题。而要达到一石二鸟的效果，对于生态服务功能价值如何评估、生态环境保护公共财政制度如何制定等基本问题，还需要慎重考虑。而这一切的核心还在于明晰并细分产权，实实在在地平衡各利益主体。

第二，生态服务价值或生态产品的定价权应放手于市场。在生态产品价值转换过程中，涉及生态资源的量化定价问题。这一问题的实质就是资源的价格化，这是生态产品价值转换能否实现的关键步骤，也是很多地方认为难以深入推进生态产品价值转换保障制度的主要原因。关于生态服务价值或生态产品定价的争议较多，社会各界对此也有不同看法。从一些发达国家的经验来看，转移支付的主要方式是通过地区间的利益调和、政府与民间的谈判达成契约，最终利用市场的力量实现价格定价。这个过程避免了"计划性"，恰恰能避免扭曲资源的真实价值。

我国推进生态产品价值转换的制度保障，也可以借鉴国外经验，将市场定价的机制应用于中央、省、市、县、乡镇甚至到行政村层级的财政转移支付体系，应用于生态产品价值转换的保障制度施行。由于实施生态产品价值转换的地区往往是生态脆弱区或敏感区，因此需要加强引导和管理，避免个别地区借生态产品价值转换制度推行生财之道。

第三，要厘清产权与市场化之间的关系。生态产品价值转换过程的本质就是交易的过程。在产权明晰的基础上，由价值转换过程产生的交易行为，便涉及"如何有效降低交易成本"这一经典的制度经济学问题，这是生态产品价值转换无法回避的难题。如何细化产权又是保证价值转换公平的基础。比如，耕地产权是农民生存的依靠，承包权、使用权、转让权、抵押权等由产权衍生的权利，必须得到强有力的保障，否则可能会出现拉生态产品价值转换大旗侵占农民合法权益的现象。

如何通过顶层设计将明晰后的产权进行交易，提高产权交易的效率，考验着各级地方政府的智慧。设置流程环节过多，可能导致交易成本太高。比如，一块耕地涉及招拍挂流程，成本自然变高。流程过于笼统，又失去了产权交易的意义。一旦这些问题圆满解决，其经验便能推广至排污权交易、碳交易市场、水权交易等方面的环境资源产权交易。

当前的产权交易监管不力较为突出。首先，监管主体不明确。由于生态资源资产的产权交易主体呈多元化，国资委、财政部门充当产权交易监管主体的机制已不再适用；同时，产权交易内容涉及农地、林权、矿权、水权、环保等多个领域，按现有管理体制，交易归属多个政府职能部门监管，政出多门导致一些监管责任难以明确。其次，缺乏产权交易的事前、事中、事后的全程监管。事前监管的市场信用建设和网络信息系统建设缓慢、服务不到位，交易操作规程制定不统一，产权流转工作宣传指导乏力；产权交易全过程的事中监管，对交易主体的资格审核不尽规范，对市场运行动态监测缺少技术支撑和制度保障，对违法违规交易行为的查处纠正不够及时，致使隐瞒信息、暗箱操作、操纵交易的事件频繁发生，交易主体的知情权、收益权等相关权利的质量不尽如人意；对产权交易结果的事后检查分析和检测的认识不够、执行不力，难以保证促进交易公平、防范交易风险、确保市场规范运行的有效性。由于政策规制限定生态资源资产的专门用途，加强其用途监管应成为事后监管的一项长期重要任务。

生态资产产权制度成为生态产品价值转换的制度保障，它承认了生态资源具有资产价值，清晰界定了生态资源属性和生态资产属性，区分了生态资源与生态资源资产，把产权从资源管理的行政分割中提取出来，作为市场经济的又一发展要素，重新整合了现有资源管理部门的职能，科学地将生态资源资产的产权纳入市场体系的组成部分，通过交易平台的建设促进生态资源资产权市场化[3]。这一重大创举是对社会主义市场体系内涵的拓展，把产权从企业产权、国有资产产权拓展到生态资源资产产权，是对现代产权体系的完善，这无疑将推动社会主义市场体系的发展，是对社会主义市场经济体制的又一创新，也是全面深化改革的现实需要。

第二节　生态产品价值转换的法制制度

生态产品价值转换必须要有法制制度的保障，党的十八届四中全会在北京胜利召开，会议的主题是："全面推进依法治国"，对生态产品价值转换的法制保障提出了更高的要求，依法治国是我们加快生态文明制度建设，实现美丽中国的核心价值观之一。党的十八届三中全会提出了"加快生态法律制度建设"，这是我国在转型时期的一个重大举措，实现生态产品价值转换，关系到人民的福祉，这是实现美丽中国的重要目标。何谓福祉？福祉就是福利与幸福，如果生态产品价值转换过程没有法律保护，生态产品价值转化为经济价值的过程就无法受到保护，人民就不能够享受到生态环境所带来经济上的效用，人民的幸福感也会受到影响，"全面推进依法治国"是既要保住金山银山，又要保住绿水青山，是推进加快生态产品价值转换的重要保障。

生态资源低价、无价和生态服务无偿的状态，使生态环境难以得到相应的补偿，生态系统服务功能逐渐衰退[4]。生态效益和经济效益的矛盾越来越突出，生态破坏者和受害者、生态保护者和受益者之间利益分配不公，导致正外部性缺乏激励，负外部性无法抑制，现实状态呼吁生态产品价值转换机制的建立要调整各利益相关主体的利益关系，从而促进地区间、群体间的公平协调发展，扩大人类的整体生态利益。

资源的稀缺性和维护生态环境的人类劳动决定了自然资源和生态环境转化为生态资本，有偿使用和为生态环境服务付费是实现其相应的资本权益的有效途径。曾经有学者提出"我们不得不经常在维护自然资本和增加人造资本之间进行取舍，在各种生态系统服务和自然资本的数量和质量组合之间进行选择，在不同的维护和激励政策措施之间进行比较，一旦被迫进行这些选择，我们也就进入了评价过程"。事实上，对生态系统服务的比较和选择过程已经对生态产品价值进行了评价，只是这种评价缺乏明确的货币化的价值表现形式，所以建立健全的法制制度保障生态产品价值转换有助于我国人民合理了解并且将生态产品价值转换为经济价值。

生态系统及其所提供的服务作为生态资产，与传统的资产相比具有很多特殊性，如经营的永续性、功能的多样性、评估的专业性等。这些特殊性决定了生态产品价值转换与传统的资产变现有所不同，对生态产品价值进行转换时要综合评估生态服务和生态产品相应的市场价值和非市场价值。在不同评估目的主导下，所选择的价值转换类型不一样，得到的生态产品价值转换的结果也就不同。生态产品价值转换涉及存量和流量两个方面，除了对生态系统的存量价值进行转换外，还要转换生态系统服务的流量价值，传统的资产转换一般只对资产的存量价值进行转换，流量只是作为计算存量价值的工具之一。生态产品价值转换的计量、计价方法也具有复杂性，需要借助专业化的生态学知识和经济学原理。种种原因表明，生态产品价值转换应区别于传统的资产转换，应在《中华人民共和国资产评估法》（以下简称《资产评估法》）中对生态产品价值这一特殊的资产类型作特别的规定和解释。

传统的资产转换是对资产价值的货币化判断，是随着市场化产权交易的发展而建立起来的针对不同评估领域的价值转换制度。生态产品价值转换是整个生态资产转换的重要组成部分，是对生态资产的量化并货币化的评价和判断。在人类从工业文明向生态文明转向的时代背景下，生态产品价值转换无论从宏观尺度反映国家、局地的生态系统状态和发展趋势看，还是从微观的具体的经济行为看，都具有广泛的社会和市场需求。十一届全国人大常委会第二十五次会议初次审议了《中华人民共和国资产评估法（草案）》（以下简称《资产评估法（草案）》）。这部专门的《资产评估法（草案）》规定："资产评估业务包括不动产评估、动产评估、无形资产评估、企业价值评估和其他经济权益的评估。"这个评估业务的分类，并未对生态产品价值的评估作出专门的规定和说明。建立生态产品价值转换制度不仅是为了满足广泛的社会和市场需求（如生态利益补偿的补偿量、自然资源的资产化管理、景观价值的转换等对生态产品价值转换制度化的现实需求），也是对整个资产评估法制的补充和完善。

生态产品价值转换是一个跨学科、跨区域、跨部门的具有综合性、复杂性特点的系统工程，要想建立起良好的生态产品价值转换运行体系还面临许多困难和挑战，解决这一问题的重要途径就是通过把理论政策和现实实践上升到法律制度层面，为生态产品价值转换提供坚实的法制保障。

从法制制度探讨生态产品价值转换，可以从以下四个方面进行讨论：

第一，健全我国生态产品价值转换的立法体系。目前我国与生态产品价值转换相关的法律法规大多零散分布于部门法中，缺乏一个由各种位阶的法律规范所组成的内部协调统一的法律体系。应制定专门的生态保护法律法规，对生态产品价值转换的基本范畴如价值转换主体、价值转换标准、价值转换途径等重要概念用法律形式予以确定，以此作为生态产品价值转换普遍适用的纲领性文件指导生态产品价值转换的实施，促使生态产品价值转换法制化、规范化、科学化。可喜的是，国家发展和改革委员会（以下简称国家发改委）已经针对生态产品价值转换法律制定有所行动，并开始试点，这是我国生态产品价值转换法制建设的重大突破。生态产品价值转换相关法律应涉及价值转换原则、价值转换领域、价值转换对象、价值转换方式、生态产品价值转换及标准、价值转换资金等各方面内容。如能在条例的基础上，出台并完善相关法律，将大力推进生态产品价值转换机制的健全，促进区域统筹发展。

第二，对与生态产品价值转换相关的法律法规进行梳理和整合。事实上，我国已颁布许多与各项生产要素相关的生态产品价值转换的法律法规，这些法律法规从不同角度对生态产品价值转换的具体实施作了相关规定，如1994年颁布的《自然保护区条例》第二十三条规定"管理自然保护区所需经费，由自然保护区所在地的县级以上地方人民政府安排；国家对国家级自然保护区的管理，给予适当的资金补助"。这些法律规范和各级政府的政策性文件构成了我国建立生态产品价值转换制度的重要法律基础和来源，有着不可或缺的重大作用。但这些法律法规比较零散，各自为政，相互之间很难协调配合，所以应当仔细梳理并整合相关规定，最大限度地避免法律冲突，力争达到内在的协调统一，互为补充，相互配合建立起良好的生态产品价值转换法律法规体系，有效地促进生态产品价值转换为经济价值。

第三，从法律上规范生态服务或者生态产品的市场化交易机制。市场主体通过其市场交易行为改善生态环境并从中获取收益的活动，交易的对象有生态环境资源的所有、使用、收益等权属，还有生态系统环境服务功能以及环境污染治理的配额。比较常见的有排污权交易、水权交易、配额交易等。科斯定理是生态利益市场化补偿的理论基础，提供了对外部不经济性的另一种弥补方式，是庇古理论的有效补充。科斯定理认为，只要产权明晰，并且交易成本很小，通过市场的交易转换，其最终结果都能实现帕累托最优，达到资源配置的合理性和环境保护的有效性。

第四，加强行政执法力度和司法介入力度保护生态产品价值。对破坏生态产品价值的企业或者个人进行等额或者超额罚款，严重者可以追究其刑事责任。《中华人民共和国环境保护法》已有一定的执法实践。目前，当务之急是要严格落实环境制度追究责任，加大对违法超标排污企业的处罚力度，严惩环境违法行为。人民法院要积极探索和建立环境司法保护的新机制，促使环境案件审判进入良性运行状态，积极稳妥地尝试推行环保公益诉讼。在目前法律无明确规定的情况下，各法院可选择公开审理一些与环境保护和生态文明建设相关、有一定社会影响的案件，就如何开展环境公益诉讼做积极尝试，探索建立和完善环境污染诉讼案件审理的公众参与机制。检察机关要建立完备的惩治生态犯罪案件机制，严格落实刑事责任的追究制度。对严重破坏生态环境的犯罪案件，检察机关要及时、准确地予以批捕、起诉。坚决依法查办破坏生态环境资源的职务犯罪案件，努力维护国家的生态法制秩序。另外，还要健全诉讼监督机制。防止有案不立、以罚代刑，确保破坏生态的犯罪案件得到及时查处。加强控告、申诉和民事行政检察工作，发挥司法救济功能。这样，一方面可以发挥检察机关的法律监督职能，另一方面可以发挥法律的教育和强制等功能。

建立生态产品价值转换的市场化方式，需要明晰自然资源物权和设立高效、交易费用合理的生态环境交易市场。市场化的生态产品价值转换方式可以以经济利益有效地刺激各相关利益人，扩大参与度，增强活力，引导"输血式"生态利益补偿向"造血式"生态产品价值实现转变。创新市场交易模式，如私人直接补偿的方式，降低交易费用，以鼓励交易者和被交易者自愿协商通过产权流转的方式实现市场化的生态产品价值转换。

转变生产方式和生活方式要以更加注重人民的幸福为前提，因此，生态产品价值转换的法制建设是实现中国梦以及全面建成小康社会的必经之路；生态产品价值转换的法律建设，要以马克思生态思想为指导，构建中国特色的法律制度。法制保障生态产品价值转换的顺利进行，使拥有大量生态资源的贫困地区实现生态产品价值和经济价值共同发展。

第三节　生态产品价值转换的金融制度

探索生态产品价值转换的理论与实践，将绿水青山变为金山银山，需要经历一系列的转化过程，包括产业催化、产权催化等，这些都离不开金融业的资金支持，即离不开金融制度保障，这里的金融制度指的是绿色金融[5]。绿色金融指金融部门把环境保护作为一项基本政策，在投融资决策中要考虑潜在的环境影响，把与环境条件相关的潜在的回报、风险和成本都融合进银行的日常业务，在金融经营活动中注重对生态环境的保护以及环境污染的治理，通过对社会经济资源的引导，促进社会的可持续发展。绿色金融涵盖绿色信贷、绿色债券、绿色基金、绿色保险、碳金融等一系列金融工具的金融政策，它是支撑生态产品价值转换实现的正向激励制度安排，是践行"绿水青山就是金山银山"的有效手段。中国于 2007 年开始推行绿色金融政策，迄今已基本建立了绿色信贷、绿色债券、绿色基金"三位一体"的绿色金融体系。其中，2007 年推出《节能减排授信工作指导意见》，2012 年推出《绿色信贷指引》，2015 年推出《能效信贷指引》，2016 年七部委又出台了《关于构建绿色金融体系的指导意见》等，为绿色金融的发展提供了良好的政策基础。

绿水青山作为生态资源是具有价值的，可以从生态产品价值转换为经济价值。我们可以利用经济核算方法，赋予其价值属性。在对其进行产业运作或产权运作等经济运作之后，生态资源就可以转化为金融资本，从而可以产生更高的经济价值。通过生态资源的产业运作发展生态经济，主要是发展生态农业、生态工业、生态旅游、生态服务业、生态高技术产业等。在生态资源通过产业运作转换为生态产品价值发展生态经济的过程中，金融制度的支持与保障发挥着无可替代的作用。以绿色信贷、绿色债券等绿色金融手段为载体，依托生态资源优势，通过创建绿色金融改革创新试验区、创新绿色金融产品、推进碳排放权交易市场建设等多种手段，积极探索利用金融手段实现生态资源转化为经济资源的新途径。绿色金融不仅能够支持污染治理与碳减排，改善环境质量、应对气候变化，更能推动资源型产业及高效资源利用产业的发展，促进绿色资源开发、资源高效利用和产业升级。绿色金融的功能是通过货币体现出来的，它可以购买生态产业运作所缺乏的土地、劳动力、技术、厂房设备等生产要素，促进生态经济的发展。同时，具有政策支持的绿色金融能够缓解中小企业的资金不足，与创新相结合的绿色金融能够引导资源流向、促进产业升级。此外，绿色金融还可以发挥咨询、结算等作用，促进生态产品价值转换为经济价值的生态经济的高质量发展。

一、绿色金融发展中存在的问题

近年来，我国的绿色金融经历了一个快速的发展过程，为践行"绿水青山就是金山银山"、实现生态产品价值转换提供了重要的支撑。但由于发展时间不长，实践当中难免存在一些不足，主要表现在：

（一）缺乏完善的政策支持和良好的市场环境

我国关于生态环境保护的政策体系、法律法规还不太完善，环境经济政策也处在探索阶段，在环保领域还存在着较为严重的地方保护主义，导致已有政策的具体实施情况也不够顺利。我国没有完善的环保信息披露机制，缺少完整的绿色金融评估体系，缺乏统一的监管，各金融机构获取企业环保信息的难度和成本很大，造成绿色金融市场存在信息不对称问题。我国关于开展绿色金融业务的奖惩制度也不够完善，打击了各金融机构参与绿色金融业务的积极性。

（二）总体规模较小，金融投资不足

绿色金融的规模不能满足需求。根据国际经验，绿色投资在 GDP 中占比在3%以上时生态环境才会得到改善，我国的占比不足 1.5%，缺口部分将主要通过发展绿色金融加以解决。近年来，虽然绿色金融的规模逐年增加，但占比与国际水平相比仍然偏低。截至 2017 年末，国内 21 家主要银行绿色信贷余额在各项贷款总余额中占比不足 10%，绿色股权融资余额在整个 A 股市场融资总余额中占比不足 13%。

（三）金融机构绿色金融意识不强，参与度不足

就现阶段绿色金融的发展而言，人们的关注点仍然主要集中在银行业，各大银行参与绿色金融业务的积极性相对较高，但总体而言其认识和意识还有待提高。对于多数金融机构，绿色金融投资周期长、回报率低是普遍存在的误区，有些金融机构发展绿色金融的意识薄弱，只是将开展绿色金融服务作为附带产品，在开发新产品时考虑更多的是自身的利益问题。

（四）绿色金融创新能力不足，绿色金融产品不够多样化

我国绿色金融的起步比较晚，发展水平还不高，政策、措施方面多是借鉴和学习西方国家的经验，但由于中西方的发展存在差异，这些政策措施并不完全适合中国，在这个过程中，我国绿色金融产品的创新能力并没有跟上发展步伐。虽然近年来我国绿色金融持续向好发展，绿色金融产品越来越多，但是各金融机构的绿色金融专业知识还是有些匮乏，积累的经验也不多，创新能力不足，这就导致各金融机构发展绿色金融的战略安排进展缓慢、力度不足，所开发的绿色金融产品和相关服务还比较单一，无法完全满足社会经济发展的需要，更无法真正发挥调节社会资源的杠杆作用。绿色产业对融资的需求是多样性的，需要多类型的金融产品与之匹配。尤其是新兴绿色产业一般具有业务模式新、技术门槛高、不确定因素多等特点，更需要中长期的股权融资尤其是创业资本融资的支持。然而，在绿色金融产品结构中，短期的绿色信贷占据绝对优势，中长期的绿色股权和绿色基金等发展缓慢，尚不能满足产业升级和技术创新的需求。

（五）缺乏发展绿色金融的专业性人才

绿色金融是具有交叉性的新兴行业，它涵盖了很多方面，需要十分复杂的专业技术，对人才的要求较高。发展绿色金融需要的人才必须是高素质、复合型的，我国人力资源市场上本就缺少这类人才，因此，我国绿色金融的发展与相应的专业人才供给不相匹配，延缓了绿色金融发展进程。

二、生态产品价值转换的金融制度完善的对策建议

通过前面的分析我们可以看到，绿色金融是追求人类社会可持续发展的必然产物，是实现生态资源转化为经济资源的重要"助推器"。探索利用金融手段实现生态产品价值转换新途径，结合我国绿色金融发展过程中存在的问题，提出了

五点对策建议：

（一）政策保障，形成有效的激励约束机制

政府需要加强法律制度、业务制度、财税政策、监管政策、考核制度、信息沟通机制等一揽子政策制度的协调与配合，形成有效的激励约束机制，为绿色金融创造良好的发展环境。

完善绿色金融制度。绿色金融制度是绿色金融发展的前提和依据，绿色金融制度体系主要包括绿色金融基本法律制度、绿色金融业务标准制度、绿色金融业务实施制度、绿色金融监管制度等。通过建立系统的绿色金融制度体系，明确绿色金融各参与主体的权责利，完善绿色金融业务的实施标准和操作规范，加大执行和监督力度，构建规范、公平的绿色市场竞争秩序。

健全财税扶持体系。联合国环境规划署的研究发现，政府投资于绿色产业的资金可以带动5~15倍的社会投资，具有较强的杠杆效应。为实现财政资金"四两拨千斤"的作用，要理顺政府与市场的关系，创新财政资金投入机制，改变政府普惠式的补贴政策。通过"补贴改股权投资、补贴改融资担保、补贴改风险补偿、补贴改专项奖励、税费减免"等方式创新，使财政资金由直接用于绿色金融供给转向对市场化绿色金融供给的激励上。

强化监管考核制度。从地方政府、金融机构、企业三个层面加强监管，开展绿色绩效考评，发挥监管考核制度的导向和激励约束作用。一是加快建立绿色GDP核算体系，加大约束性环境指标在地方政府绩效考核中的权重，促使地方政府支持和推进绿色金融发展。二是要求金融机构定期对环境风险进行压力测试并发布可持续发展报告，制定统一的绿色评估框架，根据评估结果实行差别化的存款准备金率、贷款风险权重以及再贷款、再贴现政策。三是建立上市公司和发债企业环境信息强制披露制度，进一步完善企业环境绩效评估机制。

发挥政策性金融机构在绿色金融领域的引导作用。一是建立国家级"绿色金融专项基金"，资本金部分来自政府，部分来自社会资本，通过引入激励机制，直接在股权层面撬动社会资本。二是要求现有政策性银行信贷进一步"绿化"，按照"赤道原则"调整业务流程和产品结构；同时，政策性银行应在成为银团贷款牵头行时，对贷款用途有更清晰的导向，支持节能环保的投资项目和对被投资企业施加影响。三是对现有政府系的各类基金的投资活动增加社会责任要求，更好地发挥政府的投资引领作用。

（二）健全绿色金融组织机构体系

一是扩大绿色金融市场参与主体，鼓励现有银行进一步"绿色化"，按照

"赤道原则"对业务经营进行调整，支持证券公司、保险公司、基金公司等非银行金融机构设立专门的绿色金融部门，提升参与绿色金融业务的程度和专业化水平。二是由国家和省市层面政府发起组建专业化的绿色发展银行，因地制宜地确定绿色银行发展的切入点，如绿色能源、绿色消费等重点领域。三是加快培育和发展绿色信用评级机构、绿色金融产品认证机构、绿色资产评估机构、绿色金融信息咨询服务机构以及环境风险评估机构等专业性中介机构。大力培育中介服务体系，加快绿色金融基础设施建设。要在发挥现有中介服务机构作用的基础上，加快培育和完善独立的第三方评估机构，建立规范高效的交易市场，完善二级流转市场，提升对绿色金融服务的支持效率。在绿色金融基础设施方面，一是以政府购买服务的方式，建立公益性的环境成本信息系统，打通目前缺乏项目环境成本信息和分析能力的瓶颈，为决策者和全社会投资者提供依据。二是建立绿色评级体系，尽快进行绿色评级试点。

（三）提高金融机构的绿色金融意识，扩大绿色金融市场的参与主体

针对金融机构绿色金融意识薄弱这一问题，政府应该加大对保护生态环境的宣传力度，倡导银行、证券、保险、信托、投资银行等金融机构将环保观念引入日常的经营活动中，推进传统业务转型，鼓励它们参与开展绿色金融业务和相关服务。同时，政府和相关部门还应该正确引导投资者的投资观念，加强公众保护生态环境的意识。

树立地方政府绿色政绩观。引导地方政府处理好环境保护和经济发展之间的关系，倡导"既要金山银山，又要绿水青山"的绿色执政理念。通过建立刚性的体现资源消耗、环境损害、生态效益的政绩考核体系，实行生态保护责任追究制度和环境损害责任终身追究制，督促地方政府推行绿色发展。

培育金融机构绿色金融观。金融机构应将绿色发展理念纳入长期发展战略，在经营决策中强调环境保护，同时提高员工环保意识，加强对外绿色金融理念宣传的广度和深度，在全社会营造绿色金融文化氛围。

强化企业绿色生产观。企业要将环保技术创新升级作为新的利润增长点，正确运用绿色金融工具，加大对绿色产品研发和制造的投入，增强绿色产品和服务的有效供给，不断提高产品和服务的环境效益；推行绿色供应链建设，将履行社会责任作为企业的核心理念和价值导向。

倡导居民绿色消费观。要加强全民绿色消费的宣传普及教育，将绿色低碳理念融入家庭、学校以及社会教育，为绿色金融的发展创造良好的社会舆论氛围；发展绿色消费金融，将节能指标纳入贷款人信用评价体系，为购买绿色建筑、新

能源汽车、节能电器等绿色产品的消费者提供针对性强的绿色金融产品和服务，促进居民生活方式绿色化。

（四）提高创新思维能力，鼓励绿色金融产品创新

金融机构要在激烈的市场竞争中脱颖而出，关键在于能够与时俱进，开发出符合市场要求、适应社会发展需要的绿色金融产品和服务[6]。国外绿色金融的实践开始较早，已经取得了相当成功的经验，我国应该加强国际间关于绿色金融的交流合作，积极拓展学习国外先进经验的渠道。国内金融机构更应该虚心求教，保持开放的思维，与世界先进理念接轨，借鉴国外发展绿色金融的先进经验，再将绿色金融与中国的现实生活对接，努力提高创新绿色金融业务、产品及服务形式的思维能力，结合自身特点积极研发和实践独具特色的绿色金融衍生工具，使得绿色金融产品多样化发展。

金融机构要严格执行绿色信贷政策，同时创新绿色信贷产品，发展如排污权抵押贷款、专利权质押贷款、合同能源管理融资等创新工具；推广绿色保险业务，如在条款、费率等方面有所倾斜的绿色车险、绿色建筑险等，通过保险机制反映对绿色产业的支持导向；大力发展碳金融，发展碳资产抵押贷款、碳基金、碳债券、碳保险、碳指标交易等碳金融基础产品，创新碳远期、碳期货、碳期权、碳互换等碳金融衍生产品。

（五）构建有效的人才培养机制，积极培育绿色金融专业人才

绿色金融要持续稳定发展，必须有源源不断的高素质、复合型专业人才作为后备军，因此，必须重视人才培养。政府应该构建有效的人才培养机制，加大各高校绿色金融的教育力度，培养能够适应绿色金融发展需求的高素质专业型人才。同时，金融机构应该建立更加合理的人才培养方案，定期对现有员工进行有关绿色金融的专业培训，组织员工到国外参观学习，并建立完善的员工考核机制。此外，金融机构还应积极与教育机构、环保部门等联手培养专业人才，引进国外经验丰富的专业人才，建设高水平的绿色金融专业人才队伍。

第四节　生态产品价值转换的价格制度

生态产品价值转换通过价格来体现其生态资源的稀缺性，因此价格制度是生态产品价值转换过程中的重点。价格是一个简单而又复杂、扑朔而又迷离的现

象，它的变化与一系列社会经济过程，如资源配置、收入分配等紧密联系在一起，同时价格作为经济调节器，其功能又具有十分复杂的形态。

生态产品价值的大小决定未来的发展空间，是可持续发展的重要基础。国际碳交易市场的出现也证明，生态完全可以作为"商品"进入交易市场。价格机制是市场机制中最灵敏、最有效的调节机制。充分运用市场化手段，完善生态资源环境价格机制，是大势所趋。近些年来，我国促进绿色发展的价格政策不断出台，对节能环保、优化产业结构等发挥了重要作用。实行资源有偿使用制度和生态补偿制度，加快生态资源及其产品的价格改革，全面反映市场供求、资源稀缺程度、生态环境损害成本和修复效益。

一、当前生态产品价值转换价格制度存在的问题

（一）生态资源型产品价格的形成机制未完善

我国生态资源性产品价格的形成机制主要包括政府定价和通过垄断形成的垄断价格。但是生态资源价格并未真实反映生态资源市场的供求关系与稀缺程度。资源价格长期偏低，会导致资源愈加稀缺及生态环境被破坏程度加深。如我国天然气和石油的平均资源补偿费率长期保持在1%，远低于美国的10%和澳大利亚的12.5%。又比如中国大多数矿产品价格偏低，大多数矿种产品价格比国际市场同类产品价格低30%～60%。中国矿产资源补偿费率长期偏低，平均为1.18%，而国外一般在2%～8%。生态资源价格体系的不合理以及生态资源补偿机制的缺失，使现行生态资源价格形成机制不能充分发挥市场配置生态资源的基础性作用，导致我国形成了粗放型资源开采方式，阻碍了经济发展方式的转变[7]。

虽然通过价格改革，我国绝大部分商品和服务的价格已由市场形成，但相对于其他商品，我国生态资源要素价格市场化程度偏低。经过多年的艰苦努力，我国单位GDP能耗与国外先进水平差距逐渐缩小，但粗放型的经济增长方式并没有从根本上转变。在我国，生态资源的所有权归国家，资源使用者是从国家手中取得资源的初始使用权。如天然气、水、电、土地等资源性产品的价格，没有经过市场公开竞争过程，依然沿用旧模式，由政府授权确定价格，市场化程度不高，不能真实地反映市场供求关系和资源稀缺程度。许多高经济附加值的生态资源，如油田、煤矿等，在使用、开采过程中，给周围环境、土地、水等造成损害，各种外部效应没有补偿，价格只反映了生态资源开发成本。在生态资源价格形成过程中，生态资源市场定价和政府定价相隔离，没有实现资源市场定价与政府调节定价的有机结合。

（二）生态资源价格不合理

在我国的价格管理体制中，一直是以商品价格体系为管理的中心，构建并不断完善诸如工农产品的比价关系、工业品之间的差比价关系、农产品之间的差比价关系以及工农产品购销调存各环节之间的差比价关系。生态资源价格的形成取决于资源的价值、开发成本、生产成本以及环境成本等一系列综合因素。

目前，生态资源价格构成不合理，许多生态资源产品在生产过程中形成的资源破坏和环境污染治理成本并没有体现在生态资源价格中。生态资源价格只反映资源开发成本、生产成本，生态资源性产品开发和利用所造成的环境损失成本基本没有包括在内。企业或消费者不需要承担对社会造成的损失成本，必然会导致生态资源的过度开发利用，导致环境遭到破坏。比如矿产资源，矿业成本不完全，外部成本没有内部化，国家出资进行矿产勘探和投资建设，由企业或个人享受矿产资源价值和开采效益，而开采后留下的矿区治理、生态环境修复则由国家进行再投资。

（三）生态资源价格长期背离其产品价值

我国资源消耗增长过快的同时，经济发展伴随资源浪费严重，资源利用效率大幅低于发达国家的水平。

由于不能正确认识和评价生态资源的经济价值，生态资源曾长期被无偿调拨使用，产生生态资源无价、原料低价、产品高价的现象。随着市场经济不断发展，生态资源性产品的稀缺性、有限性及使用中产生的外部性逐渐被认识，但由于政府在对垄断行业的价格管制中，更多地考虑社会承受能力，而仍采取低水平的生态资源价格政策，这在一定程度上加剧了生态资源的过度开发和浪费。此外，开采成本没有完全纳入成本核算。首先，政府管制下的生态资源性产品价格只反映了开采成本中的生产成本，生态资源性产品开采企业的生产成本主要包括各种生产部门人员工资和物料耗费，如材料费、动力费、燃料费、储量使用费、维护费等。其次，开采成本中的勘探和开发成本没有计入成本范畴。最后，生产成本较高，不利于定价。生态资源产品价格长期以来处于低位运行，既不能反映生态资源产品价值，也不能反映生态资源产品的供求关系，导致片面追求增长速度而不计资源消耗现象的形成。

二、深化生态产品价值转换的价格制度的建议

（一）坚持市场导向与有效竞争的原则

要下大力气打破生态资源的地区封锁和部门分割，促进生态资源的优势互补、合理配置，建立起开放统一的生态资源市场体系。要加强和提高监管能力，

提高监管效率，坚持依法行政，建立公开、公平、公正的资源市场，并结合国家整顿和规范市场经济秩序的部署，加强对交易主体的监督管理。通过引入竞争机制，让价格在市场竞争中形成，充分发挥价格信号引导市场供求、优化资源配置的作用，促进生态资源的节约与合理开发，提高资源利用效率。同时，要建立统筹兼顾、配套推进的生态资源性产品价格机制。

价格改革是我国经济体制改革的主线之一，面对资源"低价"或"无价"使用的局面，推进生态资源价格改革的呼声日趋高涨。要建立合理的生态资源比价关系，生态资源价格既要反映我国的生态资源供需关系，也要与其他相关资源之间形成合理比价。推进生态资源性产品改革必须坚持稳步推进、分类进行的渐进式改革原则，对具有垄断特征的生态资源产品实行合理的价格监管。

（二）完善生态资源价格形成机制

生态资源价格改革关乎经济体制改革的深化和市场体系的完善，涉及生产、流通和消费等领域，有赖于社会各方的配合。深化生态资源价格改革绝不仅是为了提高生态资源价格，更重要的目的还是通过生态资源价格改革，完善价格形成机制，推进生态资源行业改革和市场体系建设，在更大程度上发挥市场机制的基础性作用。要不断完善生态资源价格体系结构，按照维护生态资源可持续利用的原则要求，构建合理的生态资源价格差比价关系，正确地处理生态资源与资源产品，可再生资源与不可再生资源，土地资源、水域资源、森林资源、矿产资源等各种生态资源价格的差比价关系。深化生态资源性产品价格改革需要完善生态补偿机制和代际补偿机制，建立一整套能够反映资源勘探开发、生态补偿、枯竭后退出等完全成本的制度体系，并将这些成本反映到生态资源性产品的价格中。

（三）以价格杠杆撬动市场供给

价格是市场调节的灵敏信号，也是利益调节的重要杠杆。我国生态资源性产品价格改革注重发挥价格杠杆作用，促进结构调整、资源节约和环境保护。在市场经济条件下构建和谐社会，必须尊重市场经济规律，充分发挥市场机制在生态资源配置方面的基础性作用，积极稳妥地推进生态资源价格改革，该放开的坚决放开、放活，使价格能够真正在市场竞争中形成，成为反映市场供求和引导资源流动的信号，即使是实行政府管制的价格，在制定和调整时也要以市场供求为基础，发挥价格调节供求和利益分配的杠杆作用。

如何平衡好生产者和消费者的利益、保障供给成为我国面临的重大课题。用天然气等清洁能源逐步取代煤炭等高污染、高排放能源，有利于遏制大气污染。但我国天然气资源相对贫乏，剩余可采储量不足世界总量的2%。2013年6月底出台的天然气价格改革方案中，建立了天然气与可替代能源价格挂钩的动态调整机制，并区分存量气和增量气，适当调整了非居民用天然气价格（居民用天然气价格不变）。

（四）树立利为民所谋的"惠民"理念

由于许多生态资源性产品是公共性产品，事关诸多部门利益，并关系着广大百姓的切身利益。肩负宏观调控职能的价格主管部门，必须从立党为公、执政为民的宗旨出发，在兼顾生产者、经营者和消费者利益的同时，重点兼顾作为消费者的困难群众的利益，切实树立群众利益无小事的"为民"理念，把群众的利益特别是困难群众的利益放在首位，做到"权为民所用、情为民所系、利为民所谋"，时刻绷紧"为民"这根弦，当好群众利益的忠实代表。

建立和完善生态资源性产品价格改革"惠民"机制，应科学界定给予补贴、补助对象的范围，合理限定挂钩的生态资源性产品种类，妥善设置补贴的具体方式。生态资源性产品价格改革"惠民"机制补贴的标准、对象、办法等，必须及时向社会公布，接受群众监督，并确保应补尽补、一视同仁。价格主管部门既要积极探索建立和完善生态资源性产品价格改革"惠民"机制的多种有效途径，通过有效的价格补贴，确保低收入群体的生活质量不受大的影响，又要充分考虑补贴出资地区及相关部门、企业的承受能力，与当前和当地经济发展水平相适应。

参考文献

［1］孙博文，彭绪庶．生态产品价值实现模式、关键问题及制度保障体系［J］．生态经济，2021，37（6）：13-19．

［2］刘伯恩．生态产品价值实现机制的内涵、分类与制度框架［J］．环境保护，2020，48（13）：49-52．

［3］张晓蕾，严长清，金志丰．自然资源领域生态产品价值实现制度设计［J］．中国国土资源经济，2022，35（7）：20-26．

［4］任以胜，陆林，虞虎，等．尺度政治视角下的新安江流域生态补偿政府主体博弈［J］．地理学报，2020，75（8）：1667-1679．

［5］马骏．论构建中国绿色金融体系［J］．金融论坛，2015，20（5）：18-27．

［6］于波，范从来．绿色金融、技术创新与经济高质量发展［J］．南京社会科学，2022（9）：31-43．

［7］孙博文，彭绪庶．生态产品价值实现模式、关键问题及制度保障体系［J］．生态经济，2021，37（6）：13-19．

实践篇

第五章　江西生态产品价值实现实践

第一节　以生态保护促进生态产品价值实现

一、寻乌县在废弃矿山里走出一条"两山"新路

近年来，寻乌县抓住国家山水林田湖草生态修复试点政策，正视历史生态问题，下决心"还清历史欠账"，根治"生态伤疤"，先后实施了以文峰乡石排、柯树塘和涵水3个片区为核心的废弃矿山综合治理与生态修复工程，总投资约9.55亿元，对废弃稀土矿山进行了全面治理修复，取得了显著成效，山绿了、水清了、田肥了、路通了，村民的美丽家园又回来了。

（一）探索"三同治"模式，"废弃矿山"，重现"绿水青山"

在项目推进中，寻乌县坚持规划先行、统筹推进，加强资金、人员整合，成立统一调度推进的山水林田湖草项目办公室，打破原来"碎片化"的治理模式，消除部门之间的行业壁垒，按照"宜林则林、宜耕则耕、宜工则工、宜水则水"的治理原则，统筹推进水域保护、矿山治理、土地整治、植被恢复四大类工程，实现治理区域内"山、水、林、田、湖、草、路、景、村"九位一体化推进。寻乌县在生态修复中，探索出南方废弃稀土矿山综合治理"三同治"模式，实现了废弃矿山全区域同时综合治理。

一是山上山下同治。在山上开展地形整治、边坡修复、沉沙排水、植被复绿等治理措施，在山下填筑沟壑、兴建生态挡墙、截排水沟，确保消除矿山崩岗、滑坡、泥石流等地质灾害隐患，控制水土流失。

二是地上地下同治。地上通过客土、增施有机肥等措施改良土壤，平面用作光伏发电，或因地制宜种植猕猴桃、油茶、竹柏、百香果、油菜花等经济作物，

坡面采取穴、播条、播撒、播喷等多种形式恢复植被。地下采用截水墙、水泥搅拌桩、高压旋喷桩等工艺，截流引流地下污染水体至地面生态水塘、人工湿地进行减污治理。

三是流域上下同治。上游稳沙固土、恢复植被，控制水土流失，实现稀土尾沙、水质氨氮源头减量，实现"源头截污"。下游通过清淤疏浚、砌筑河沟格宾生态护岸、建设梯级人工湿地、完善水终端处理设施等水质综合治理系统，实现水质末端控制。上、下游治理目标系统一致，确保全流域稳定有效治理。

通过近四年综合治理和生态修复，原来满目疮痍的废弃矿山，重现出绿水青山的本来面貌。水土流失得到有效控制，水土流失强度已由剧烈降为轻度，水土流失量由每年每平方千米 359.0 立方米降低到 32.3 立方米，降低了 90%。植被质量大幅提升，植被覆盖率由 10.2% 提升至 95.0%，植物品种由原来的少数几种草本植物增加至草灌乔植物百余种。矿区河流水质逐步改善，河流淤积减少水流畅通，水体氨氮含量削减了 89.8%，河流水质大为改善。土壤理化性状显著改良，原来废弃的稀土尾砂，土壤酸化，水肥不保，有机质含量几乎为零，是一片白茫茫的"南方沙漠"，几乎寸草不生，经过客土、增施有机肥和生石灰改良表土后，已经有百余种草灌乔植物适应生长，生物多样性的生态断链得到逐步修复，又呈现出大自然的勃勃生机。

（二）"生态+"，"绿水青山"就是"金山银山"

寻乌县在推进山水林田湖草综合治理与生态修复的同时，积极践行"绿水青山就是金山银山"理念，走出一条"生态+"的治理发展道路，将生态包袱转化为生态价值，推动生态产品价值实现。

一是"生态+工业"。治理石排连片稀土工矿废弃地，开发建设工业园区用地 7000 亩，打造成寻乌县工业用地平台，目前入驻企业 50 多家，新增就业岗位近万个，直接收益 5.12 亿元以上，实现"变废为园"。

二是"生态+光伏"。通过引进社会资本投入，在石排村、上甲村治理区引进企业投资建设爱康、诺通 2 个光伏发电站，装机容量达 35 兆瓦，年发电量约 4200 万千瓦时，年收入达 4000 多万元，实现"变荒为电"。

三是"生态+农业"。综合治理开发矿区周边土地，建设高标准农田 1800 多亩，利用矿区整治修复的土地种植油茶、百香果、猕猴桃等经济作物 5600 多亩，既改善了生态环境，又促进了农民增收，为贫困人口有效脱贫提供产业支撑，实现了"变沙为果"。

四是"生态+旅游"。以矿区生态修复成效为依托，同步推进生态旅游、美丽乡村建设，做好做大"绿""游"整合发展文章，目前已完成景区路网、自行车赛道、教学研基地、民宿旅游设施、矿山遗迹资源调查、花海、特色农业采摘园等项目，正在策划推进稀土矿山公园、"两山"理论实践成果展示馆等特色项目建设，两端与青龙岩旅游风景区和金龟谷康养度假区连为一体，着力打造旅游观光、体育健身胜地，实现区域内生态修复的长效管护，促进生态效益和经济效益、社会效益同步实现，有效实现生态产品价值转换，实现"变景为财"。

寻乌县在废弃稀土矿山综合治理和生态修复中，探索总结出"三同治"模式，实现治理空间覆盖、治理时间同步、治理目标一致的全覆盖治理，全面践行山水林田湖草是一个生命共同体、"绿水青山就是金山银山"生态文明新理念，并积极探索生态资源产品价值转换实现路径，成功地走出了一条"生态+"产业化治理的绿色发展道路，将昔日的"环境痛点"转化为今日的"生态亮点"和"产业焦点"，为全国生态产品价值实现探索提供了样板工程和典型案例[1]。

二、兴国县"痢痢头"变身"绿富美"

30余年间，"江南沙漠"变成了茵茵绿洲，植被覆盖率由28.8%上升到了84.0%，入选全国水土保持生态文明示范县。诞生了竹节沟、反向坡、加密放浅等技术，荣获国家科技进步奖，入选科技推广项目，在我国南方红壤水土流失区广泛推广。地处赣南红土地的兴国县，多年来持续推进水土流失治理，实现了青山常在、绿水长流的目标，聚焦了各方目光。

如今，站在新起点，兴国县通过大力实施国家水土保持制度建设工程、山水林田湖综合治理工程、全面开展林相改造、重点建设科技示范园等措施，补齐水土流失治理的短板，提升水土流失治理成效，让山岗在绿起来的基础上，变身金山银山，化作美丽家园。

（一）接力治理，江南沙漠变身茵茵绿洲

隆冬时节，站在兴国县龙口镇都田村山冈上眺望，映入眼帘的是一片绿色的海洋。远处群山叠翠，近看绿树成荫，拂面而过的清风夹着桂花的香味，令人心旷神怡。

同样的位置，30多年前，却是完全另外一番景象。对面山上跑过一只老鼠都看得清清楚楚。午间太阳晒狠了，放个鸡蛋在山上，不久就能烤熟。

红土地带给兴国县很多荣耀。但红色土壤，半石半土的结构，也让兴国人吃了不少苦头。再加上曾经受战争以及过度开荒、砍伐等人为影响，兴国县1980年水土流失面积曾达1899平方千米，占县域面积近60%，占山地面积超过八成。

水土流失也一度成为兴国人的心头大患。

为改变山上无树、天上无鸟、河里无水、田里无肥、家里无柴、口袋无钱的状况，兴国县委、县政府高度重视水土保持工作，将水土流失治理列入重要工作内容，书记、县长带头上山，建立了"政府统一领导、水保统一规划、多部门协作、广大群众参与"的水土流失防治机制，形成"一任接着一任干，一任干给一任看"的干部作风。

在治理过程中，兴国县坚持因地制宜、效益优先，人工植树和飞机播种齐头并进，并以小流域为单元，划分重点预防保护区、治理区和监督区，统筹规划山、水、田、林、路，探索出综合治理的新模式，使山地植被覆盖率恢复到了84.0%，森林覆盖率达74.6%。

（二）科技创新，青山绿水化为金山银山

"在保护治理中，我们不但要挖竹节水平沟、反坡条带，还要在边坡上种草，然后才在沟头种上油茶。这样一来，60毫米以下的雨可以完全留在山上，滋养作物。"在杰村乡万亩油茶示范基地，兴国县水保局时任局长王永禄指着人工条带说。抬头望去，一座座山头连绵不断，一条条人工开挖的条带整齐划一，新栽的油茶，原有的杨梅、火龙果，让荒山流金淌银。

治理水土流失，要多干苦干，但不能蛮干。兴国县在治理水土流失的过程中，十分注重科技的支撑作用，组建了产学研相互协作的科技支撑体系，还积极与华中农业大学、湖南农业大学、南昌工程学院、江西省水保科学研究院等共同开展课题研究。

既要留住水源，又不能冲走泥沙，如何解决这个难题？兴国县水保局认真攻关，经过不断实践探索，提出了开挖竹节水平沟的解决方案，在条带靠山体一侧开挖规格长2~3米、宽0.6~0.7米、深0.5~0.6米的竹节水平沟，沟沟相连却不相通，沙水均留在沟里不下山。

在实践中，兴国县探索出等高水平竹节沟整地技术，按照工程措施、生物措施与生态自然修复相结合的治理路径，采取"竹节水平沟+灌木+混合草"的治理方案开展红砂岩林下水土流失治理，形成了完善的水土流失综合防护体系。其中以竹节水平沟技术为代表的水土保持综合治理技术在我国南方红壤水土流失区得到成功推广和应用。"南方花岗岩剧烈侵蚀区小流域综合治理研究成果"获国家科技进步三等奖、水利部科技进步二等奖。

青山绿水就是金山银山。兴国县坚持"山顶戴帽、山腰系带、山脚穿鞋"的开发模式，同步推进竹节水平沟和生物工程等措施，做到保护与开发并重，实现经济效益和水土保持共赢。如今，兴国县拥有油茶 70 多万亩，脐橙 8 万多亩，杨梅、蜜梨、猕猴桃等 4 万余亩。

"以前光秃秃，现在郁葱葱，生态环境好，百姓口袋丰。"说起水土保持带来的变化，王永禄脸上满是笑容，心里甚感欣慰。

（三）短板提升，秀美乡村留住乡愁

"销路不用愁，每逢果子成熟，光是前来游玩的顾客采摘，有时还不够卖。"走进兴国县塘背水土保持科技示范园，种养大户邓习东自豪地说。邓习东多年前承包这里的荒山，栽下 40 多亩梨、脐橙、金橘、杨梅等果树，加上养猪、养鸡，年收入近 20 万元。

示范园规划面积为 3 平方千米，总投资 4456.87 万元。被群山环绕的塘背小流域就像一个巨大的绿色"脸盆"。"脸盆"的中央是造型别致的科技示范园水保科普馆主体建筑，远处山顶上是已经投入使用的气象站。"脸盆"里面，有两口鱼塘可供游人垂钓，周边种满脐橙、枫树、桂花树等，整个示范园全部由游步道连接起来，成为一个观光风景区。

瞄准国家级水土保持科技示范园目标，兴国县着力在塘背小流域打造"一轴一带四区"发展格局的水土保持生态科技示范园，使园区科研示范、科技推广、休闲观光功能得到全面提升，将水保生态观光园、水保生态体验园和观赏水保林示范带统筹起来，努力把园区打造成为有档次、有特色、功能齐全的一流水保科技示范园区，成为水土保持生态旅游休闲景点。

虽然重新披上了绿装，但局部水土流失造成崩岗很多，对植被保护和附近居民生产生活影响较大。为此，兴国县启动实施了总投资 2.7 亿元的山水林田湖生态修复保护工程崩岗侵蚀劣地水土保持综合治理项目，项目规划治理崩岗 2000处，建设点覆盖全县 25 个乡镇，包括治理水土流失面积 32.3 平方千米，建设谷坊 6000 座，拦沙坝 500 座，截流沟 215 千米，挡土墙 60 千米。

同时，兴国县还着力改善原来林相结构单一、病虫害防护能力较差的状况，开展低质低效林改造，通过补种枫香、木荷等阔叶树，引进脐橙、油茶等经济果林，让山林结构丰富起来，经济收入增加上来。

坚持巩固与创新驱动、治理与开发驱动、水保文化与建美丽乡村驱动，行走在兴国县广袤乡野，"层层梯田披绿装，果满枝头花飘香，粮食满仓鱼满塘，水碧山青好风光"的喜人景象正翩翩而来。

三、全南县生态保护与修复绘就美丽画卷

春夏能赏黄灿灿的油菜花、粉嫩嫩的红花草，秋冬可见绿油油的护坡毯、郁葱葱的景观树，行走在全南县山水林田湖草试点项目现场，一年四季都能见到山清、水秀、林茂、田整、湖净的美丽画卷。近年来，全南县通过实施矿山环境修复、土壤综合整治、低质低效林改造等山水林田湖草生态修复项目，探索出了一条增绿和增收互促双赢的生态脱贫新路，让"绿水青山"变为"金山银山"。

（一）废弃矿山换新颜，生态保护显成效

走进全南县陂头镇李家洞废弃稀土矿山综合治理点，曾经扬尘漫天的1000多亩"光头山"已变得满眼绿意，一排排树木挺拔茂盛，一片片护坡毯郁郁葱葱，处处展现盎然生机。

通过实施废弃稀土矿环境治理项目，有效地治理了崩岗5座、水土流失及重点小流域0.104平方千米、废弃矿山1.019平方千米，保护了治理区周边100余亩农田不受破坏，有效维护了黄田江水生态安全。通过对废弃稀土矿山进行复绿治理，实施拦挡工程、截排水工程、坡面防护、植被种植、地质环境监测等措施，将工矿废弃地恢复成农业建设用地，有效破解了土壤侵蚀、坡面失稳等生态问题，矿区周边的群众生产生活环境得到明显改善。

生产生活环境不断改善，林地、耕地流转更加顺畅，贫困人口从生态建设与修复中得到更多实惠。通过实施北线片区废弃稀土矿环境治理项目，全南县665户农户共1900多亩耕地得到有效流转，农户每亩耕地可增收1260元，200多户农户共1280亩林地获得林地征收费950万余元，农户每亩林地可增收7400元。

（二）产业发展来致富，生态旅游促振兴

走进全南县龙源坝镇土地综合整治与土壤改良项目现场。站在高处，放眼望去，昔日零零散散、高低不平的田垄上已建起整齐连片的蔬菜大棚，农田平整方正，机耕道笔直延伸，一幅"田成方、路相通、渠相连、旱能灌、涝能排"的秀美田园画卷映入眼帘。"撂荒田"变"致富田"，是全南县以山水林田湖草试点项目建设推动脱贫攻坚的生动缩影。

全南县投资3540万元实施土地综合整治与土壤改良农业增产增效项目，以统一流转、统一平整和统一改造改良的方式，对各治理区实施了灌溉与排水工程、土地平整、增施有机肥、绿肥种植、土壤修复改良等项目，并在改造田上规模化种植了1000余亩油菜花、红花草，既改良土壤肥力又提升景观效果，促进生态保护与乡村旅游有机结合。建设整治了3339.83亩的高标准农田，贫瘠农田

得到有效整治；修复了22000亩的污染土壤，污染土壤得到有效改善。同时，以实施土壤改良农业增产增效项目和高标准农田建设为契机，大力兴建蔬菜大棚，发展设施蔬菜，通过推行"龙头企业+合作联社+合作社+农户"模式，采取统一育苗、统一标准、统一管理、统一品牌、统一销售和分户种植"五统一分"方式，带动全县2362户贫困户发展蔬菜产业增收致富。

初春时节，走进龙源坝镇土地综合整治与土壤改良项目治理点，呈现在眼前的是如诗如画般的风景。大面积的平整田地、纵横交错的沟渠与宽敞笔直的农用道路，一片黄灿灿绿油油的油菜花漫无边际，布满了整个村庄，风景宜人，美不胜收。近千亩油菜花迎春怒放吸引游客前来游玩，纷至沓来的游客纷纷用手机、相机记录下这美丽一刻。绿色打底旅游兴，生态美景变"钱景"。山水林田湖草的保护修复，让全南天更蓝、水更碧、山更青、地更净。瞄准山区群众脱贫致富这一目标，全南县打造生态旅游产业新引擎，走出了一条"生态+旅游+脱贫"的绿色新路。

（三）贫瘠山林植新绿，绿色屏障效益好

在全南县大广高速及连接线两侧的低效林改造基地，放眼望去，林木葱郁，黄绿相间，一排排整齐的树木依山势起伏，形成一幅美丽的画卷。

自先行先试低质低效林改造以来，全南县科学组织，精心谋划，通过高标准示范基地建设，引领推进全南县2017～2018年低质低效林改造工作，取得了良好成效。完成改造任务1.55万亩，其中，完成1600亩的更替改造、1600亩的抚育改造、8800亩的补植改造及3500亩的封山改造。同时，全南县把低质低效林改造山场纳入天然林保护工程，吸纳36户贫困户参与造林、抚育，拓宽贫困户增收新渠道。

从水土流失严重的稀土矿区到林草葱郁的生态森林；从贫瘠薄弱的穷山恶水到宜养宜耕的富饶沃土，全南县耕耘不辍，努力践行"山水林田湖草是一个生命共同体"理念，实现从"沙漠"到"绿洲"的跨越。全南人民正以饱满的热情，实干的精神，奋发有为的态度推进生态修复工作，创造可推广、可复制的试点模式，在推进赣南苏区振兴发展的进程中，永续全南县的绿水青山、金山银山。

四、崇义县带刺的葡萄藤编织脱贫美景

近年来，崇义县充分发挥刺葡萄得天独厚的资源优势和君子谷企业的品牌优势，围绕"刺葡萄产业富民强县"目标，出台一系列扶持政策，做优做强刺葡萄特色产业，带动了现代农业、绿色食品业、生态旅游业融合发展，加快推进生

态产品价值转换。

（一）主要背景

崇义县山地面积占九成，是个山区；森林覆盖率达88.3%，是个林区；属于原中央苏区，是个革命老区。一个地方是山区，又是林区，还是老区，往往意味着它是一个贫困地区。崇义县虽然不是国家贫困县，但人均可支配收入与国家乃至江西省平均水平还有一定的差距。崇义县还是中国竹子之乡、中国南酸枣之乡、中国鹭鸟之乡、国家级生态示范区、国家主体功能区试点示范县，自然资源富集，生态环境优美，历史文化厚重，阳明文化、客家文化、红色文化融于一体。

在崇义县树立和践行"绿水青山就是金山银山"的理念，实际就是推动绿色脱贫攻坚，这既是发展模式的探索，又具有特殊的政治意义。一直以来，崇义县积极探索生态保护扶贫的方式方法，通过生态保护、资源开发，拓宽产业，扩大就业，在持续提升生态环境质量的前提下，大力促进绿色发展和民生改善，涌现出了一批绿色食品龙头企业。以江西君子谷野生水果世界为例：崇义县麟潭乡君子谷周边山区是世界上野生刺葡萄分布最广、种群最丰富的地区，企业依托这一优势，保护和收集了一大批野果和植物植株，并从刺葡萄的统一育种、配送果苗，到后端的保障性收购刺葡萄果实生产葡萄酒、葡萄汁、果醇、饼干等，为农户提供全产业链、全过程服务；同时，县政府出台保障性政策扶持农户及企业发展刺葡萄产业，刺葡萄在崇义两千多平方千米的土地上"遍地开花结果"，刺葡萄已成为崇义县产业扶贫的支柱产业。

（二）发展模式

君子谷生态种植园的创立，源于创业者的一个梦想：找个地方，把小时候见过、吃过的野果保护起来，留住山花烂漫、野果飘香的儿时记忆。20多年来，君子谷从设立野果和植物保护区到建立野果种质资源圃，从野果生物特性的研究到建立野果选育品系的生态种植园，最后发展到农产品深加工和生态旅游等产业，经历了"存""理""用"三个发展阶段：植物种质资源保存（建设野果保护区）、资源整理（建设专类植物资源圃）、种质资源利用（深加工及植物品种选优、选育）。

（1）收集保护野果资源，研究提升生态产品价值。1995年，君子谷设立了野果保护区，并收集其他地区因林业生产"炼山"要烧毁的野果树植株，移栽到保护区进行保护。2003年，君子谷建立了野生水果种质资源圃以及野生刺葡萄、野生杨梅、野生木通、野生金樱子等专类野果资源圃，野果种类齐全、资源完整，成为名副其实的野生水果世界，仅野生刺葡萄保护植株就有 1200 多株，是江西省刺葡萄标准化栽培示范区、中国野生刺葡萄种质资源库。野果果实成熟后不允许采摘、出售，主要用于喂鸟，其次是科学研究。经科学论证，用刺葡萄酿成的葡萄酒，可软化血管的花色醋成分含量高，备受葡萄酒市场青睐，原本平淡无奇的刺葡萄商业价值迅速提升。

（2）鼓励发展刺葡萄产业，推动绿色脱贫攻坚。为进一步壮大刺葡萄特色产业，崇义县出台了《崇义县刺葡萄产业发展办法》《关于支持全县及江西君子谷野生水果世界有限公司发展刺葡萄产业的实施意见》，按照"政府+企业+农户"模式，对刺葡萄产业发展中涉及的种苗、建园、品牌建设、技术保障、农民合作组织等关键环节予以扶持，县财政对每株种苗补助 10 元，对标准化搭架定植的一般农户、企业以及建档立卡贫困户予以 1200 元/亩、1600 元/亩差异化补助等。君子谷自主创新刺葡萄栽培技术，成立了君子谷农民学校开展刺葡萄栽培管理培训，并与 5000 多户农户签订战略合作协议，以不低于保护市场价格收购农户种植的刺葡萄。刺葡萄种植投入小、效益高、收成持续性强，也可在自家庭院种植，在一系列利好政策的指引下，农户找到了一条致富增收的出路，参与种植刺葡萄的积极性前所未有。

（3）精心打造刺葡萄特色小镇，实现三产融合发展。君子谷依托其刺葡萄深加工技术，已建成年酿造生产能力 1000 吨的生态野果酒庄、6000 吨/年的刺葡萄饮料生产线和 1000 吨/年的刺葡萄休闲食品加工项目。同时，紧扣崇义县全域旅游发展路径，以三产融合发展为主线，大力推进"君子谷小镇"建设，全力将君子谷野果主题公园和君子谷两杰葡萄沟打造成"绿野仙踪式"主题公园、农产品加工（生态食品加工）示范区、现代农业种植示范区，规划发展全县 1 万户农户特色刺葡萄产业，超 10 亿元的农业产业集群初步打造成型。从农业的生态种植，到农产品的深加工，再到野果主题公园的科普示范和生态旅游，君子谷已成为集生态资源保护、现代生态农业、生态科普旅游于一体的现代农业生态示范园，成为一产、二产、三产融合发展的结合体，所在的两杰村被评为全国"一村一品"示范村，生动诠释着"绿水青山就是金山银山"。

（三）价值实现

（1）科普宣教成效显著。种植资源圃的建设，保护了各类野生植物，也为良种繁育和资源研究提供了平台，取得了大量的科研成果。近年来，君子谷积极举办生态科普教育活动，科研院所在君子谷举办学术活动、科学讲座、人文和科普教学达 10 次，接待近 5600 批次 8.6 万人，充分向公众展示生态保护与生态多样性、生态保护与生态科研相结合、人与自然和谐相处，生态保护与生态生产相结合成果，培养和提升公众的环境保护意识。2018 年，君子谷成功创建第六批国家环保科普基地，为江西省唯一。

（2）生态效益逐步显现。探索培育出了一套独有刺葡萄栽培和深加工技术，荣获"江西省科学技术成果""赣州市科技进步一等奖"。"君子谷"刺葡萄酒在第五届、第六届、第七届亚洲葡萄酒质量大赛上连续荣获国际金奖，实现了国内本土葡萄品种酿造的葡萄酒在该国际大赛上金奖零的突破。2015 年，君子谷成功承办"国际葡萄与葡萄酒学术研讨会"，"君子谷"刺葡萄酒正式走向世界。目前，君子谷已成功打造刺葡萄干红、野果酒、野果生态饮料、野果休闲食品等系列产品，2018 年君子谷产值达 1.6 亿元，实现利税 1405 万元。

（3）带领致富成果喜人。目前，已累计带动全县 7000 多户农户种植刺葡萄近万亩，丰产后可实现亩产 4000~6000 斤，每亩将增收 8000~12000 元。君子谷不断延伸野果深加工产业链，继推出葡萄酒产品后，又成功研发了生态饮料和野果饼干等绿色生态产品，为 50 多个家庭创造就业岗位，人均增收达 2500 元/月。

第二节　以生态旅游推进生态产品价值实现

一、基于特色地域与优美生态环境的婺源乡村旅游发展模式

婺源县地处赣浙皖三省交界，原属古徽州"一府六县"之一，面积 2967 平方千米，人口 37 万，因生态环境优美和文化底蕴深厚，被誉为"中国最美的乡村"。婺源有句古话：前世不修，生在徽州，十三四岁，往外一丢。过去婺源很穷，要想过上好日子，只有走出大山。如今，因为走出了独具婺源特色的乡村旅游发展之路，婺源成为人人向往的旅游胜地，婺源人实现了在家门口就业、赚钱致富。

（1）婺源，因生态而美丽。这里森林覆盖率达 82.6%，有世界仅有的极度濒危鸟种蓝冠噪鹛，有世界最大的鸳鸯越冬栖息地鸳鸯湖，是国家生态县、国家生态文明先行示范县、全国"绿水青山就是金山银山"实践创新基地、全国生态综合补偿试点县，是全国知名的天然大氧吧。

（2）婺源，因文化而生动，是徽文化的重要发源地，孕育了朱熹、詹天佑、

金庸等一大批历史文化名人。历史遗迹遍布乡野，有中国传统村落 28 个、中国历史文化名村 7 个、古建筑 4100 余幢，是徽派建筑大观园。

（3）婺源，因旅游而驰名。现有国家 AAAAA 级景区 1 个、AAAA 级景区 14 个，是目前全国 AAAA 级以上景区最多的县，也是全国唯一的以县命名的全域 AAA 级景区。2019 年全县接待游客 2463 万人次，综合收入 244.3 亿元，游客人次和综合收入连续 13 年位居全省县级第一。

（4）婺源，因茶叶而芬芳。是中国茶叶之乡，婺源绿茶连续 20 年通过国际有机食品认证，连续十多年占欧盟有机绿茶市场 50% 以上份额，是香天下的江西茶"四绿一红"之一；婺源皇菊香飘四海，因清香甘甜、有机健康备受游客喜爱。

（5）婺源，因交通而兴旺。境内有两条高速公路，两条高铁在婺源十字交会，每天有 70 多趟高铁停靠婺源站。乡镇公路快速便捷，从城区到全县所有乡镇及主要景区，全部实现半小时通达。

自古以来，生态环保理念根植于婺源人民的心底，"杀猪封山""生子植树""封河禁渔"等村规民约世代流传，乡间至今仍保存着不少封山净河禁碑。为了更好地保护、传承和弘扬老祖宗留给我们宝贵的生态文化遗产，将丰富的生态文化资源创造出更大的价值，婺源县委、县政府明确把旅游产业作为县域经济发展的核心产业、主导产业、第一产业，围绕"发展全域旅游、建设最美乡村"战略，坚持"以村兴旅、以文铸魂、以客为先、以民为本"，全力打响"中国最美乡村"品牌。

（一）以"村"兴旅，在找准定位中加快发展

婺源旅游从 20 世纪 90 年代末起步，立足当地丰富的资源优势，探索出了一条符合婺源实际的发展之路。

一是确立"最美乡村"的定位。婺源有优美的生态环境，深厚的文化底蕴，丰富的旅游资源，独特的徽建古村，以及良好的区位优势，具有发展乡村旅游的潜力。经过科学分析，婺源县委、县政府把乡村旅游作为主导产业，确立了建设"中国最美乡村"的发展定位，始终坚持一届接着一届干，走文化与生态相结合的乡村旅游之路，通过差异化发展，与周边旅游区形成旅游产品的良性互补，联合而成"名山、名水、名镇、名村"的旅游发展新格局。

二是形成"四步走"的路径。第一步，放手民营、放开发展。90 年代末，为民间资本投资旅游产业大开绿灯，长期沉睡的乡村旅游资源逐渐苏醒。第二步，组建集团、抱团发展。2007 年，按照"一个集团、一张门票、一大品牌"

的思路，整合全县景区（点）资源，极大地增强了婺源乡村旅游的综合实力和总体竞争力。第三步，转型升级、规范发展。2011 年，建立规范的旅游开发机制，引进多家有实力的旅游企业，激发旅游市场活力。第四步，全域旅游、全面发展。2016 年，制定"发展全域旅游、建设最美乡村"战略目标，把全县 2967 平方千米作为一个大景区来打造，提升了一批精品景区，推进了一批特色小镇建设，打造了一批"不收门票的景点"，发展了一批宾招酒店、民宿和农家乐，形成"乡乡都有参观点、乡乡都有农家乐"。2019 年，以国有公司为主体，完成了对婺源旅游股份有限公司 13 个景区的股权收购，全面推动旗下景区提质升级，实现国有企业龙头引领，开启了婺源旅游第二次创业。

三是打响"四季旅游"的产品。油菜花是婺源旅游的成名曲。婺源成功打造了 12 万亩史上面积最大的油菜花海，持续引爆春季旅游市场，成为"中国四大花海之一"。与此同时，婺源不满足于"旺季人山人海、淡季冷冷清清"的"一季游"，通过实施"旅游+"战略，打造四季旅游产品，着力推动"一季游"向"四季游"转变，逐渐形成了"春探人间花海、夏走研学之旅、秋观红叶晒秋、冬寻梦里老家"四季精彩不落幕的全季旅游新局面。其中，通过挖掘"晒秋"民俗，篁岭从一个濒临消失的古村，如今成为"中国最美符号"，2019 年接待游客 145 万人次，综合收入 2.1 亿元，上缴税收近 6000 万元。

（二）以"文"铸魂，在挖掘传承中丰富内涵

秉承"旅游是文化的载体，文化是旅游的灵魂"的理念，在厚植人文上求突破，以文铸魂，以文兴业，推动文化与旅游深度融合发展。

一是弘扬朱子文化，建成了文公庙、朱子学数据库，打造了《朱子还乡》原创徽剧大戏，开发了"朱子研学"旅游产品，每年吸引 20 多万人前来体验，朱子文化成为婺源旅游新名片。

二是保护徽派文化。以保护徽派建筑为重点，推动徽派文化传承。先后启动三轮徽改，累计投资 3 亿多元，改造非徽派建筑 1 万余幢，切实维护好"徽派建筑大观园"的传统风貌。

三是传承非遗文化。推动傩舞、徽剧、绿茶制作等国家级非遗项目走进景区景点、走向旅游市场，并集中建设了非遗展示馆、徽剧艺术馆等十大文博艺术馆群。

四是挖掘民俗文化。大力挖掘推广舞龙灯、过大年等婺源民俗文化，并与旅游产业进行衔接互动，进一步增添了旅游内涵和趣味。

五是打造节庆文化。积极开展纪念朱子诞辰 888 周年、红枫节、油菜花节等

各种文化活动，开发创新节庆旅游项目，切实增强旅游吸引力和影响力。

六是发展公共文化。新建新时代文明实践站（所）104个，建成一批集旅游咨询、旅游救助、党建文化展示、村落文化展示、群众娱乐等多功能为一体的综合性村级文化场馆，为乡村旅游增添了一抹和谐的亮色。

（三）以"客"为先，在优化服务中提升形象

坚持把旅游体验作为核心竞争力，聚焦交通、住宿、市场管理、旅游服务等重点，持续提升游客满意度[2]。

一是提升接待条件。围绕"游"，加快打造梦里老家演艺小镇、婺女洲旅游小镇、水墨上河文化小镇、丛溪度假小镇、思口微马体育小镇等一批特色小镇，全面推进千年古城改造和城市夜景夜游提升工程，进一步补齐夜游短板。围绕"吃"，大力弘扬传承徽菜文化，积极举办"徽菜文化节""乡村美食节"等活动，深入研究开发特色菜品，让更多游客在"舌尖上的婺源"流连忘返。围绕"住"，在全省率先推行民宿经营许可制度，形成了3个（篁岭、延村、严田）百栋以上的古宅民宿群，精品民宿600余家（其中高端古宅民宿100余家），11个过1000床位的度假村。引导农家乐成立协会，推行规范化、标准化服务管理，全县共有农家乐2397家、床位2.9万张。围绕"购"，整合县内优质农特产品、旅游商品资源，成立国有公司，打造"婺源好礼"品牌，让购买"婺源有礼"成为游客来婺旅游的首选佳品。围绕"行"，在旅游拥堵路段建设多个停车场，实行人防加技防，推进总投资16.7亿元"四好农村路"县道升级改造项目，实现了"睹花不堵路"。2019年3月，婺源单日接待游客量突破28.2万人次，平稳有序度过了赏花最高峰。

二是创新管理机制。在全国率先成立了"旅游110"，整合了19个涉旅单位职能，联合18个乡（镇、街道、园区）150余个涉旅村庄，构建了县乡村三级联动机制，重拳整治旅游市场乱象。在全国率先成立了旅游诚信退赔中心，专门设立30万元退赔基金，推行旅游购物30天无理由退货，努力做到"不让一位游客在婺源受委屈"。

三是优化旅游服务。深入推进全国旅游标准化示范县建设，大力践行厕所革命，把旅游公厕作为旅游产品来打造，启动了优质旅游服务提升年活动，开展了优质服务"十大重点"工作，组建了优质服务"五大员"，打响了"优质旅游让婺源更美丽"的口号。并通过制定村规民约、亮出"微家训"，引导群众争做"最美乡村最美的人"，营造人人服务旅游，人人都是旅游形象的氛围。

（四）以"民"为本，在旅游发展中共享红利

通过发展乡村旅游，走出了独具婺源特色的发展道路，不仅让婺源提升了名气、获得了人气，而且让婺源人民摘掉了穷帽子，过上了富日子。

一是造福了村民。旅游产业的快速发展，不仅极大地改善了交通基础设施和生产生活环境，更让婺源农民在家门口吃上"旅游饭"、发起了"绿色财"，全县旅游直接从业人员突破8万，有近70%的群众从中受益，居民人均存款余额常年位居全市前列。吃上旅游饭的村民生活富裕了，视野开阔了，自身素质也不断提高，形成了邻里和睦、诚实守信、热情待客的良好风气，更加自觉维护良好的旅游发展环境，婺源连续三届被评为全国平安建设先进县，荣获全国社会治安综合治理工作最高奖"长安杯"。

二是壮大了产业。在旅游产业的带动下，全域资源有机整合、一二三产深度融合，发展活力持续释放。农业产业蓬勃发展。荷包红鲤鱼、婺源绿茶、龙尾歙砚、江湾雪梨、婺源皇菊等"红绿黑白黄"五色特产走俏市场，婺源茶产业实现综合产值20.69亿元，"婺源绿茶"品牌价值突破50亿元。体育产业活力迸发。依托国家体育产业示范基地、国家体育运动小镇、中国门球之乡、全省健身示范县和3个省级训练基地的体育发展优势，2019年举办各种赛事100多项，国家级、省级的有40多项，吸引200万人次，连续四年组织的"婺马"成为全国县级唯一金牌赛事。会展产业欣欣向荣。每年都有各类高规格的会展活动在婺源举办，在拉动经济的同时，提升了婺源品牌形象。2019年四场全国性现场会先后在婺源召开（分别是国家发展改革委、环保部、住建部、中国农科院组织召开的全国乡村旅游发展经验交流会、首届全国有机产业发展交流会、全国村庄设计农民建房现场会、全国脱贫攻坚与乡村振兴工作会）。文化产业方兴未艾。每年吸引50多万摄影爱好者、10万写生大军来婺源创作，20多部影视作品来婺源取景，成为全国知名写生基地、摄影基地、影视基地、文创基地。2019年全县旅游综合收入250亿元，全县三产比例优化为7.9∶22.8∶69.3。

三是扩大了影响。婺源凭借优美的生态环境、厚重的文化底蕴和周到的旅游服务，在全国掀起了一波又一波"婺源热"，让更多人爱上婺源、来到婺源，成为人人向往的"梦里老家""最美乡村"。先后荣获中国旅游强县、国家乡村旅游度假实验区、国家全域旅游示范区、中国优秀国际乡村旅游目的地等30多张国家级旅游名片。

回顾党的十八大以来，婺源始终遵循"绿水青山就是金山银山"理念，通过发展乡村旅游，探索出一条高质量发展的新路径。在实践中体会到旅游经济本

质上就是生态经济，坚定不移发展旅游产业就能推动绿色发展、跨越发展。下一步，婺源县将继续朝着全域旅游的方向，加强探索、勇于创新，全力打造人人向往的"最美乡村"，为建设美丽中国和富裕美丽幸福现代化江西创造"婺源样板"。

二、大余丫山引领践行"绿水青山就是金山银山"

大余丫山地处北纬 25 度世界公认的黄金生态带，森林覆盖率高达 92.6%，空气、水、土壤环境质量均达到国家一级标准。得天独厚的生态佳境，四季分明的山水仙境，丫山堪称"客家原乡"。但 20 世纪 90 年代靠开矿成富裕村的丫山大龙村，2011 年因资源不足、发展无路被列为贫困村。为此，村民纷纷外出务工，导致房屋破败不堪，70% 的房屋无人居住。如何将当地的生态环境与文化资源优势转化为经济优势，让"乡村旅游与精准扶贫""绿色生态与共享发展"紧密结合，走出一条可持续可复制的"绿水青山"和"金山银山"相互转化的好路子？丫山人曾经捧着金饭碗没饭吃，如今，让绿水青山流金溢银的"丫山经验"得到充分肯定。

（一）主要做法

（1）坚持在开发中保护，在保护中开发，生态优势进一步提升。

1）坚持规划引导。聘请省城乡规划设计院编制了《梅关—丫山风景名胜区总体规划（2017~2030 年）（修改）》和《丫山景区控制性详细规划》，做到旅游开发以保护为前提，使之始终处于良好的自然状态。

2）强化制度建设。出台了《关于加强丫山风景名胜区生态环境保护工作的通知》等政策文件，成立了丫山生态检察室和旅游法庭，为景区生态环境和资源保护提供了政策保障。

3）注重开发保护。一是注重乡村风貌、本地特色，展示原生态景观和客家民俗。二是注重生态保护、绿色优先，不填塘、不推山、不砍树、不拆房，水上乐园、A 哆森林、悬空栈道、越野车赛道等旅游设施地融于山水间，小镇铺设的环保木塑道沿山而铺、沿河而架、遇树让路，各项建设无不以生态为落脚点。同时改造林相、修复生态，抓好小镇边坡治理，投资 2000 万元实施大龙山矿山废石堆场生态修复工程、重金属污染防治项目，常态化做好周边尤其是上游企业的环境监管工作，确保企业污染物达标排放。三是注重优化空间布局和环境协调融合，做到连点成线、以点带面、整体推进。四是注重做好"生态+"融合文章。

（2）坚持绿色发展理念，实现高质量发展，全力打造点"绿"成"金""丫山模式"。围绕产业生态化和生态产业化的思路，推动生态要素向生产要素、生态财富向物质财富转变，闯出更多点"绿"成"金"的新路子。

1）做好"生态+循环"文章。实施了大余章源竹木制品有限公司竹、木屑废料木塑高分子复合材料生产线扩建项目建设，继续创新发展木塑等新型循环材料，确保景区全部使用低碳、可循环的木塑等节能环保材料，大余章源竹木制品有限公司被评为省级农业龙头企业。

2）做好"生态+旅游"文章。围绕县委、县政府提出的"旅游名县"建设目标，进一步发挥丫山生态资源优势，发展森林游、亲水游、氧吧游、民宿游等"生态+"旅游模式，着力打造"生态+旅游"综合体，让游客进得来、留得住、玩得好、再回头。2015 年 10 月，全省乡村旅游和精准扶贫推进会在大余丫山召开。大余丫山乡村旅游点在 2019 年全国乡村旅游发展经验交流现场会作了经验交流。丫山运动休闲小镇成为全国特色小镇标杆，丫山旅游度假区被评为江西省旅游度假区。国家文化和旅游部副部长（原国家旅游局局长）李金早曾盛赞丫山是中国乡村版"迪士尼"。央视《新闻联播》曾专题播放大龙村乡村旅游。时任江西省委书记刘奇实地考察后称赞丫山宜居之地。他指出，要深入贯彻习近平总书记关于打造美丽中国"江西样板"重要要求，让乡村旅游成为绿水青山变成金山银山的重要路径。

3）做好"生态+文化"文章。通过多种途径进一步发扬丫山国学文化、挖掘"周程"理学、牡丹亭故事、百年钨都、千年驿道等各种丰厚文化底蕴，提炼文化精髓，修复传承载体，还原旧址风貌，让游客放飞心灵，唤起美好回忆。

4）做好"生态+养老"文章。围绕将大余打造成"养身、养心、养老、养颜、养性"人间天堂定位，着力推动丫山健康养老、丫山国际生态酒店养老中心等项目建设，大力发展康复疗养、健康维护、旅居养老、"候鸟"养老等业态。全省森林旅游媒体采风活动走进大余丫山，中央电视台、阿尔巴尼亚国家电视台、新华网、香港卫视、凤凰网等国内外主流媒体到大余县实地采风。

5）做好"生态+体育"文章。为贯彻落实国务院《关于加快发展体育产业促进体育消费的若干意见》文件精神，大力发展山地自行车、汽车越野、登山、竹林太极、房车等生态体育运动。丫山体育小镇被列为全国第一批运动休闲特色小镇。通过体育小镇建设，既穿针引线式将丫山的青山绿水、人文风情、经济社会等方方面面"串"起来，又"黄金搭档"般将这些元素一个个"融"到体育休闲运动中去，靠休闲体育搭台，山水人文待客，丫山的绿水青山逐渐变成"金山银山"。自 2016 年以来承办国际半程马拉松、环鄱阳湖国际自行车大赛等 31

类 300 余场体育赛事，参加人员超过 120 万人次。

6）做好"生态+产业"文章。近年来，丫山风景区陆续引进了章源生态旅游公司等一批有实力的企业开发丫山高山有机茶、高山腾婆茶、果脯加工、有机水稻等保健原生态产品。大龙村评为省级首批产业融合发展试点示范村称号，大余章源生态旅游发展有限公司荣获省级服务业龙头企业。

7）做好"生态+扶贫"文章。围绕脱贫攻坚和县域经济发展，实施"小镇+党组织+基地+旅游合作社+贫困户"等扶贫模式，帮助贫困户在土地流转、建设施工、景区岗位、农家旅馆、农家餐馆、农产品销售等方面获得收入，努力让农民的土地和房屋拿租金、入股企业分股金、在小镇打工拿薪金的"三金"，让老百姓享受幸福、分享成果。全国政协副主席陈元来大余考察时充分肯定大余县推进旅游扶贫的典型做法。

（二）主要成效

丫山独辟蹊径，巧妙利用优势资源创造更高的生态效益和商业价值，成为践行"绿水青山就是金山银山"的鲜活典范。近 5 年来，全县每年接待游客 600 万人次以上，对县域经济的发展带来 60 亿元以上的综合拉动效应，直接或间接带动全县 30% 以上的贫困人口脱贫致富。

历经十二年磨一剑的艰辛打造，丫山华丽转身成为中国最具森林康养、健康运动、文化交流、生态度假特色的乡村旅游胜地之一。丫山被评为国家 AAAA 级旅游景区、江西首个 AAAAA 级乡村旅游点、中国传统文化养生基地、中国养生食品研究基地、国家森林公园、国家全民健身户外活动基地、国家居家养老示范基地、中国美丽休闲乡村、中国乡村旅游创客示范基地等荣誉。丫山特色小镇典型经验向全国推广。中国美丽乡村丫山旅游广告首度在纳斯达克广场 LED 屏滚动播出。

（三）启示

（1）致力活机制，改革又创新。一是成立县主要领导亲自挂帅的旅游产业发展领导小组，做到全县一盘棋；二是率先在乡镇设立乡村旅游办公室，实现职能、机构、编制、职数、经费"五个到位"；三是组建乡村旅游协会、理事会，充分发挥旅游协会组织的桥梁纽带作用，实现旅游行业自我约束、自我管理；四是创新经营模式。健全景区与村集体、合作社、员工、群众的联结模式，实现利益捆绑一体化，调动多元创业主体能动性。

（2）致力护生态，发展好绿水青山。落实主体功能区空间管制措施，天然阔叶林禁伐，增加生态公益林面积，用"三条红线"守护大余的绿水青山。深化林权改革，充分调动群众植树造林积极性。实施森林质量提升考核办法。

（3）致力提颜值，增绿又增收。近年来，大余县紧扣"生态名县"目标，把低质低效林改造与森林旅游、乡村旅游有机融合，在道路两侧和山上种植或补植银杏、木荷、紫薇等彩色树种，打造了"春赏杜鹃红满地，秋观彩叶醉树林"的景观效果，催生了 10 多个森林旅游新景点。

（4）致力强联合，持续又高效。丫山小镇的投资主体为大余章源生态旅游有限公司，注册资本金 5500 万元。其中，三名自然人股东出资 3000 万元，中国农业发展银行下属中国农发重点建设基金有限公司出资 2500 万元，民营资本股权占比 54.5%，是典型的民营资本主导投资的特色小镇。同时，鼓励员工自主创业参与丫山经营，做到人尽其才。

三、井冈山生态旅游惠民来

案山村位于大陇镇西北部，现有人口 51 户 196 人，是井冈山一个普通的贫困村庄。2016 年以来，大陇镇以"民俗、宜居、生态、养生"为理念，充分挖掘红色内涵，在案山打造集吃住行、游购娱为一体的山水田园度假村。如今，这个小村庄已经成为人们乡村旅游的最佳选择之一，得到了社会各界和新闻媒体的纷纷点赞，被誉为"大山里的苏莲托"，在全省、全市大力推广案山模式。

（一）经验做法

（1）生态理念提升。为改变群众对美丽乡村的定位，学习美丽乡村建设经验，近学神山，远学丫山，组织村两委、案山群众代表，前往茅坪乡神山村和赣州大余丫山学习，开阔视野，学习经验，找对差距，迎头赶上。多方邀请广州集美裕州设计公司专业规划师来到大陇案山进行实地考察，并在村原有基础上加以规划，案山美丽乡村精品示范点规划才落地，以"民俗、宜居、生态、养生"为理念，充分挖掘红色内涵，在案山打造集吃住行、游购娱为一体的山水田园度假村。该项目总投资 5000 万元，规划面积 1500 亩，由四季水果和水产品种养示范区、精品民宿度假区、乡村民俗旅游体验区三大功能区组成。

案山村主要是针对"山水林田湖"五个方面来进行生态提升。山：种植 20 余种四季水果 320 亩，白茶 500 亩。水：围筑小型水坝 4 座，开挖鱼塘 4 口，保留原有鱼塘 9 口，改善水面 150 亩。林：保护原有毛竹林及油茶林 200 亩。田：改善低产冷浆田，引进白莲种植 300 亩。

（2）生态环境建设。通过加大基础设施建设，完善功能，提升生活品质，打造宜居案山，建设完成后，山林绿翠间，白墙青瓦，展现出"山映斜阳天接水"的美景。

一是大力推进征地拆迁工作。抽调精兵强将组成征地拆迁组，上门入户耐心做工作，村两委和党员带头拆，在短短一周，拆除危旧土坯杂房60余间，正房6栋，共计2640平方米，整治道路2000米，整治水沟3000米。

二是完善基础设施建设。所有房子按照市里统一的六个标准进行维修改造，完成立面改造11500平方米，新贴墙裙360米，投入20万新建旅游公厕一个，新建停车场三个，护坡420米，硬化道路1100米，新砌排水沟2400米，新建围墙880米，石头围墙130米，护栏450米。

三是美化亮化环境。移走影响原村庄视觉和出行道路的各类电线杆35根，入地线缆2000米，新建游步道600米，新建木栅栏380余米改造每家每户围墙，投入30万元实现亮化工程，安装仿古路灯20盏，整治鱼塘12口，投入绿化资金45万元，沿线种植各种盆景花卉，种植各类果树80余棵、绿化树240余棵，绿化节点6个，栽种绿化800米。案山美丽乡村精品示范点建设，总计投入资金200万元进行村庄整治，把案山建成为"望得见山，看得见水，记得住乡愁"的生态家园。在陇上行公司的指导下，发展现代民宿旅游。通过对村民住房的整体改造，房前屋后的整治，改水改厕，改善生活环境，完善生活功能，发展乡村民宿旅游，增加农民收入。

（3）绿色产业发展。创新采用公司+村集体经济+贫困户的"1+8+48"产业互助模式，即1个陇上行生态农业开发有限公司、8个行政村合作社、48户蓝卡户，共同创建红墟坊乡村旅游公司，打造了以案山自然村为基础的陇上行度假村。度假村建设了以餐饮为主的陇客来农家乐，以休闲为主的苏莲托咖啡馆，以住宿为主的陇门客栈，突破了村集体经济发展的瓶颈，土地变产权，资金变股金，农户变股东，确保了贫困户持续稳定增收。打造了一批黄元米果、红军糍粑、一口香水煮等地方特色小吃零售业，吸引人气，丰富市场。充分发挥大陇镇众多的竹制品加工企业，建立网上商店，解决加工企业的持续稳定的销售问题。同时，案山在改善环境的同时，特别注重挖掘资源资产功能，保留山水文化，厚培文明乡风，唤醒乡村活力，留住乡愁乡情乡韵。

一是挖掘美丽庭院的功能。引导农户围绕"五美"（布局美、设施美、卫生美、绿化美、家风美）开展美丽庭院创建，把美丽庭院作为推进乡风文明建设的主要抓手，提升乡风文明，淳化乡风民风。仅2017年，案山村被评为市级优秀的美丽庭院就有10余家。通过美丽庭院创建，现在村民不仅不乱扔垃圾，还会主动捡起垃圾，村民更加爱卫生，也更文明礼貌了。

二是挖掘闲置资产的功能。案山村在开发建设中，特别注重闲置资源的改造利用，实现了资源变资产。如通过创新设计、微调空间、功能再造，把12户村民的闲置房屋改造成了时尚咖啡屋、精品民宿。

（二）价值实现

（1）生态效益。大陇镇案山村找准绿色发展模式，将农户房前屋后的荒山荒坡开发成四季果蔬采摘园，将荒田打造成可赏花可采摘的莲塘，将废弃老树根装饰成观赏盆景，美丽庭院创建成效显著，乡村旅游基础设施不断完善，生态环境不断优化，极大提升了旅游品位，同时主动尝试，大胆带头，以"旅游+"带动农业、林业、农林产品加工业、物流业、金融业等一二三产业融合发展，实现了由闭塞脏乱的贫困山村向乡村旅游精品示范点华丽转身。

（2）经济效益。大陇镇案山村通过"1+8+48"的经营模式，让1家公司联合8个村集体带动48户贫困户，搭建了村民、政府、公司三赢的合作平台，推动旅游产业、农业产业、电商产业发展，村内相关从业人员月均收入达4500元左右，村民人均纯收入从不足3000元一跃增至6400余元。案山村实现了由传统农业村庄向文化旅游村庄的转变，走出了一条单一改善群众生产生活向引领群众脱贫致富全面小康的新路子。

（3）社会效益。案山建设始终坚持"望山见水，留住乡愁"。干净整洁的庭院，特色鲜明的民居，精心设计的盆景，随风摇曳的翠竹，清澈透亮的莲塘，给人"心随美景动，人在画中游"的感觉。同时，案山结合井冈山斗争时期红色墟场打造了"红墟坊"，塑造了多面红色历史故事油画墙，还专门开发了毛公九大碗菜品，使得红色文化与绿色生态深度融合，相得益彰。特别是打造了咖啡屋等一系列城里才有的高大上项目，使得城乡文化有机融合，让村庄散发出更加独特的魅力。案山的成功打造，让来山游客有了新的去处，成功弥补了井冈山旅游"山上热、山下冷"的单一格局。大陇镇案山村由一个传统山村成为乡村旅游的"样板点"，打造了以红色经典印记，井冈民俗体验，现代乡村休闲为一体的红色文旅乡村旅游点，迅速得到了市场的认可，吸引了澳大利亚、越南的游客慕名来此寻找一份红色的记忆、体验一回井冈民俗、享受一次田园休闲、品味一道客家美食。

大陇镇案山村努力打通"绿水青山"向"金山银山"转换的通道，坚持高标准规划设计，创新采用抱团发展模式，为构建业态支撑，将整体资源进行改造提升，将生态文明建设与精准扶贫相结合，创新了生态扶贫机制。在发展经济的同时，大力保护生态环境，打造生态文明示范村，基础设施不断完善，干群环保意识大大提高，不仅实现率先脱贫的目标，也把案山建设成为生态环境优美、生态文明繁荣、生态产业兴旺、人与自然和谐、示范作用突出的生态文明村。

第三节　以实施生态农业实现生态产品价值转化

一、莲花县绿色农业发展探索实践

近年来，莲花县始终坚持生态优先、绿色发展的战略引领，牢固树立绿水青山就是金山银山的发展意识，积极培育了吉内得等省级现代农业示范园，带动了生态农业、绿色食品、红色旅游业融合发展，有效实现了生态产品价值转换。

（一）主要背景

莲花县吉内得有机绿色水稻生产基地，位于该县西北面的高洲乡高滩村，90年前毛主席率领秋收部队在这里召开过行军会议，是“引兵井冈，在这里决策”的第一村。其地理位置海拔高、常年气温偏低，昼夜温差大，稻米生长周期长，土壤富含硒元素，生态环境绝佳。基地依托良好的生态资源，通过对一颗“老种子”的坚守和传承，探索出了一条生态扶贫新路子，既吸收了低收入户务工带动脱贫致富，又美化了生态环境助力乡村振兴，是一家集绿色种植、红色旅游和休闲农业为一体的综合型企业，2017年被评为江西省第二批生态文明示范基地。

（二）发展模式

吉内得的创立，源自创始人蒋鹏程对乡味的痴恋。在外漂泊期间，蒋鹏程无时无刻不在思念着家乡，每次回家看到家乡的土壤、闻到家乡的空气都会觉得格外的亲切。2011年蒋鹏程决定，回老家从事生态农业，通过反复勘察，基地选址在国家贫困县莲花县高洲乡，那时的高洲基地满目荒芜，蒋鹏程带领工人拓荒整田，2012年播下第一颗种子，从备种、播种、育苗、除草、防虫、收割到晾晒，无一不是纯人工，再以欧盟标准进行检验，以最好的品质面向市场。

（1）推出鸭稻共生、“借牛还牛”的模式。基地免费提供鸭苗、小牛犊给贫困户，免费提供场所，让他们在稻田养鸭子，小鸭和小牛犊长大后基地按照市场价格进行收购，扣除鸭苗和牛犊成本后的收益统一归贫困户所有，而且基地全程进行技术指导与品质监督。

（2）流转土地安排贫困户就业。在高洲乡高滩村和附近的赤洧村、严家村等地流转农田近万亩，每亩 420 元，使当地村民每年可获得一部分收益。基地每年还优先聘用建档立卡低收入户务工，每月固定工资为 2700 元，临时务工人员为每天 80~120 元。农忙季节时，用工量高达 200 多人。一年一季水稻收割完后，公司还免费提供油菜籽给贫困户种植，再收购他们的油菜籽，解决他们的销路难题。

（3）电商公用平台。吉内得依托于天猫电商平台，投入自身资源和自有团队进行运作，开设莲花特色农产品之窗，对莲花县的特色农产品进行统一营销，统一推广，将莲花除稻米以外的特色农产品推向全国市场，助力莲花农业产业的发展。

（4）发展休闲旅游。积极推进红色文化、农耕文化与生态旅游的深度融合，通过推动农事体验、田园观光、休闲养生、农家消费等旅游模式，有效推进了当地农家乐、农产品销售的快速发展，并解决了当地部分低收入群众的就业问题。近年来，在吉内得先后举办了新田园风情油菜花节、莲花县首届稻作文化旅游节、新米文化节、中央电视台《匠心》栏目开机仪式等活动，吸引了大量游客前来参观。

（5）探索创新"活米到家"模式。吉内得董事长提出"活米到家"的物联网+活米理念，吉内得生态田园一年一季收割后，把谷子放入当地的低恒温储藏室，再根据大数据云端调控，送往全国的智能碾米机，与此同时消费者在线上下单，当天就可以在附近的社区内取到新鲜的活米。吉内得智能无人碾米机是一台智能自助设备，又是一台快速碾米机，从稻谷脱壳到出米仅需一分钟，彻底解决大米陈化问题，保证营养和最佳口感。顾客从选米、下单、付款，通过触屏操作，完成自动开仓、一键出米、自助装米等交易流程。2019 年，吉内得开始将无人售卖智能碾米机及线上检测的家庭智能米桶送入了社区。目前，吉内得将无人售卖智能碾米机已经投放了 1000 多台，30 多个城市社区。

（三）价值实现

（1）减贫工作成效明显。目前，吉内得公司在高滩村已流转耕地 1400 亩，山岭 5500 亩，安排 30 户低收入户就业，让他们彻底摆脱了低收入窘境。公司还并购了莲花县赣西生态养殖专业合作社，由 39 户低收入户入股养殖场，发展养殖（牛、黑山羊、鸡、鸭）等有机牲畜产业，并提供销售平台。

（2）社会影响逐步扩大。国内外专家在吉内得调研时对吉内得公司的经营理念和基地生产寄予高度评价，对其未来发展寄予更高希望，并表示会积极开展科技合作，共同为让人们吃好做出贡献。

（3）生态效益逐年增加。公司生产的"冷水硒泉活米"系列产品，先后获得中国有机产品认证证书、中国绿色食品 A 级证书、中国绿色博览会金奖、香港（国际）有机食品认证富硒大米等荣誉，得袁隆平院士赞誉"绿色大米，营养健康"，颜龙安院士称赞其"为百姓生产有机环保、健康营养美味的大米"。2018年公司生产稻谷约 2400 吨，虽然产量低，但由于品质好、价格高，全年收入接近 5000 万元。

二、于都县打造富硒蔬菜生态农业

近年来，于都县深入贯彻党的十九大和党的十九届二中、三中、四中全会精神，深入落实习近平总书记视察江西、赣州和于都重要讲话精神，把习近平总书记"一定要把富硒这个品牌打好"的殷殷嘱托牢记在心、落实到行动上，按照省市部署要求，着力打造"绿色、富硒、生态、安全、优质"的蔬菜产业。截至目前，全县建成蔬菜园区 81 个、面积达 3.5 万亩，产品远销上海、广州等重点城市，并登上中欧班列远销国外。2020 年 9 月 22 日，"中国农民丰收节"江西活动在于都举办。

（一）坚持政府引导，做强富民产业

一是做大产业规模。于都县从产业规划、体系建设、标准制定、品牌策划等方面进行科学谋划，制定出台《于都县关于加快推进富硒农业高质量发展实施方案》。从 2017 年开始，通过蔬菜产业招商先后引进十余家省外蔬菜龙头企业，蔬菜基地快速建设，在全市率先实现了所有乡镇均有集中连片 50 亩以上大棚蔬菜基地、累计面积不少于 200 亩的目标。大力推广丝瓜、辣椒、茄子、苦瓜、豆角等茄果类品种，在全县逐步形成了"一县一业""一乡一品"或"数乡一品"的产业发展新格局。同时，积极健全产业链条，引进了 3 家专业蔬菜营销企业，正在建设果蔬精品深加工厂和净菜加工、配送项目。

二是健全产业链条。积极推动蔬菜产业高质量发展，推动产业结构由最初的单纯种植向蔬菜种苗繁育、种植、冷链仓储、加工、营销的全产业链转变。大力推广顶部竖式通风双拱双膜连栋钢架大棚，全面提升大棚设施实效性。制定了《于都县现代农业产业园管理办法》，明确蔬菜大棚管理具体操作标准，全面提升园区的种植与管理水平。引进了江西赣南铭宸蔬菜运营管理集团有限公司、江西民汇农业发展有限公司、于都瑞清园农业科技服务有限公司 3 家专业蔬菜营销企业，由企业负责下达订单、收购产品、对接市场。同时，赣南铭宸集团已在原中兴果业装修厂房、采购设备，正在建设果蔬精深加工厂。目前，正在与全国排名前列的团餐配送企业——深圳德保集团洽谈，拟在于都投资建设蔬菜净菜加工、配送项目，对接粤港澳大湾区市场。

三是培育本地菜农。2018 年以前，全县以龙头企业示范种植的发展模式为主导，先后引进了江苏民尚、怀德农业、寿光仁禾种业等省外农业龙头企业示范种植。2019 年以来，全县大力发展本地菜农，积极推广"龙头企业+合作社+基本菜农"的产业发展模式，通过龙头企业带着种、合作社领着种、大户引着种、农户跟着种、单位帮着种等形式，培育了一大批新型经营主体，设施蔬菜发展势头迅猛。截至目前，全县共有蔬菜龙头企业 15 家，组建了蔬菜专业合作社 110个，为 8000 余户农户提供了稳定就业岗位，吸引了 1000 户以上农户经营蔬菜大棚。

（二）精耕富硒文章，打造富硒品牌

一是注重因硒施策。全面开展地质调查，邀请中国地质调查局南京地质调查中心对全县土地进行体检，已勘测的 1900 多平方千米土壤中，富硒面积达546.42 平方千米，潜在富硒土壤面积 478.27 平方千米。同时，主动对接国内大型科研院所，向湖北恩施富硒国检所等送检和认证了一批富硒蔬菜、富硒大米、富硒茶叶等农产品，为于都规划发展高品质富硒蔬菜提供了科学依据。

二是注重科技引领。坚持"科技是第一生产力"理念，2019 年 6 月，全县组织开展了富硒蔬菜产业专家咨询活动。邀请中国农业技术推广协会富硒农业技术专业委员会、中农硒科富硒农业技术研究院等富硒行业专家实地考察指导。专家们分别对富硒产业发展前景、富硒资源的开发与价值、富硒产业成功经验等做了详细介绍，同时为全县富硒蔬菜产业发展点明了发展方向，指导于都将富硒绿色蔬菜产业园与红色旅游结合，构建"一红一绿"共同发展的大格局。

三是注重品牌创建。针对富硒蔬菜、富硒脐橙、富硒大米产品特质及优势，专门制定《于都富硒产品品牌营销方案》，先后在广州、深圳、上海等地举办富硒农产品专项发布会。加强与高知名度的网络媒体合作，充分利用新媒体宣传推介于都富硒产品。同时，从产品包装到运输管理，打造设计了"于都富硒蔬菜"产品包装和运输模式，已相继开通了于都—广州、于都—长沙等线路。大力支持相关部门和企业积极参加各类国内展示展销活动，先后承办了赣州市富硒农产品展示展销、赣州市蔬菜交易展销会等活动，推动于都富硒蔬菜走出去。

（三）践行生态理念，提升生态效益

一是打造绿色园区。坚持"生态优先、绿色发展"理念，着力打通绿水青山与金山银山的双向转化通道，依托银坑镇、梓山镇、禾丰镇、段屋乡、车溪乡等富硒区域优势条件，集中优势资源，引进 15 家蔬菜产业示范种植龙头企业，打造 9 个千亩蔬菜基地。着力在黄麟、车溪、罗江、利村 4 个万亩标准化脐橙生态示范基地，形成贡江、梅江两江流域 10 万亩富硒脐橙产业带。其中梓山、车溪、禾丰、段屋 4 个现代农业示范园被评为省级现代农业示范产业园。梓山镇被农业农村部列入"全国农业产业强镇"建设名单。

二是加强生态保护。围绕国家生态绿色农业"一控两减三基本"基本目标[3]，进一步完善农田排灌设施，加快大中型蔬菜基地灌溉区节水改造，扩大蔬菜基地测土配方施肥技术应用范围，推广地膜回收技术，引导农民采用厚度 0.01 毫米以上的地膜，实现地膜回收利用率达到 85%。同时，积极推广水培、无土栽培、雾培、立体栽培、管道栽培、绿色防控、节水灌溉等蔬菜新技术 15 项，努力将于都打造成赣南蔬菜高标准栽培、新技术集成应用示范区，不仅有效保护当地生态环境，又促进了生态绿色农业发展。

三是带动增收致富。相比较传统露天蔬菜种植模式，设施蔬菜通过菜农培育、技术指导和精细管理，大棚蔬菜每亩年均纯收入稳定在 1 万元以上，比传统模式提高 2 倍以上。同时，蔬菜基地通过吸引周边农户（贫困户）棚务工、包棚到户、土地租金等方式参与产业，增收效果持续稳定。农户通过在基地内务工，获得 80~120 元/天的工资收入，每月务工收入可达 2000~3000 元；通过流转土地，每亩地可获得 600~700 元的租金收入；通过承包大棚种植蔬菜 5~10 亩，年均增收 5 万~10 万元。

经过多年的接续努力，于都先后获评全省农业农村综合工作先进县、全省高标准农田建设工作先进县、省级绿色有机农产品示范县等称号，于都蔬菜产业逐渐从量变到质变，全县现代生态农业迈上新台阶。下一步，于都将深入践行习近平生态文明思想，牢固树立绿水青山就是金山银山理念，精心打造粤港澳大湾区优质富硒农产品供应基地、文化旅游和康养休闲胜地，为推动高质量跨越式发展、描绘好新时代江西改革发展新画卷作出于都贡献。

三、樟树种养结合促生态振兴

樟树市是著名的药都，也是江西省畜禽养殖大县（市），畜牧业已成为该市农村经济的支柱产业，是农民增收的重要渠道。早在 2004 年，全市畜牧业就实现总产值 8.8 亿元，其中生猪出栏 62.05 万头，产值 5.9 亿元。但是养殖业带来的农村生产生活环境问题也越来越突出，畜禽粪便未经处理随意排放，严重污染周边水体，刺鼻气味挥发传播至居民生活区，异味难忍，成为民生之患、民心之痛。近年来，樟树市依托畜禽粪污资源化利用整市推进项目，构建了"政府主导、市场化运作、专业公司处理、资源化利用"的第三方畜禽粪污治理模式，打通了养殖产业与中药材种植业有机联结，为药都生态振兴提供了有力支撑，有效改善了樟树市农村人居环境，为全省及整个南方地区开辟了粪污治理新思路，创建了"樟树经验""樟树模式"。

（1）创新粪污第三方治理机制。樟树市以畜禽污染资源化利用整县（市）推进为契机，印发《樟树市畜禽养殖污染防治管理办法》和实施方案，形成养殖粪污第三方治理合作框架性意见。按照《江西省污染防治第三方治理实施细则》要求，打破以项目为单位的分散运营模式，打捆方式引入第三方进行整体式设计、模块化建设和一体化运营。养殖单位、第三方治理企业根据养殖规模的配套设施建设，做到废水稳定达标排放和养殖粪污固化物资源化利用。目前，已引进第三方企业投资近 1200 万元建设粪污集中处理中心和有机肥生产企业，可日处理养殖高浓度有机废水 600 吨，年产有机肥 5 万吨，创建起畜禽粪污治理专业化、市场化、社会化的运行体系，为农村面源污染和流域治理工作奠定了坚实基础。

（2）理顺粪污处置成本分摊机制。粪污处理的成本分摊机制的缺失是养殖业与种植业普遍分离脱节、粪污就近消纳难、种养结合不紧密的根本原因。樟树市改革粪污治理设施投资运营模式，推动环境公用设施管理向独立核算、自主经营的企业化模式转变，将投资、建设、运营与监管分开，形成权责明确、制约有效、管理专业的市场化运行机制。在项目投资建设环节，采取"先建后补、以奖代补"的方式补助。

项目建成后，由养殖场业主申报、所在乡镇（街道、场）审批提供设施设计方案，再由整市推进项目领导小组办公室统一组织聘请专业资质机构组织验收，认定后核定奖补金额给予养殖企业单位及相关治污企业、有机肥厂等项目资金奖补。在项目运营环节，养殖户每出栏一头猪需要向第三方治理企业交纳 30 元治理成本，养殖废水每吨耗电费约为 2.5 元，养殖企业交纳的粪污治理费用可弥补污水治理电费、人员工资及管理成本。在种养结合环节，为有效解决有机肥加工程度较低、劳动强度大、使用成本高等问题，樟树市制定了《樟树市加快推进畜禽养殖废弃物处理和资源化利用工作实施意见》，落实畜禽养殖粪肥收集、运输、利用补贴政策，第三方企业制造出来的生物有机肥每吨补贴 600 元。

（3）健全环境监管工作机制。全力构建科学规范、权责明确、约束有力的监管机制，明确了各乡镇单位、部门的监管职责，划清治理单位和养殖户法律责任，逐步实现在线监控，建立了一套切实可行的监管机制。始终对环境违法行为保持高压态势，联合整治办和农业农村局对无设施猪场进行整治关停，对有设施不正常运行或直排的猪场进行从严查处，对有设施但处理后无法达到国家畜禽养殖排放标准的，促其接受第三方治理或关停或改成"零排放"模式。截止到2019年，樟树市在畜禽养殖方面共处罚了129家养猪场，处罚金额193.51万元。

（4）实现粪污循环无害化处理。樟树市结合南方区域高温高湿的气候特点，按照"一场一策"原则，保持水冲粪养殖粪污清理清洁方式，提倡建设漏缝刮板清粪设施，切实落实"三改两分两利用"措施，对所有粪污进行全量化收集，实现减量化处理、资源化利用。通过固液分离对粪污固化物进行高温发酵从而实现有机肥利用，通过专业企业生产出合格的有机肥产品，进行商品化输出，从而控制了干粪处理利用不当造成的二次污染问题，有效解决了养殖密集区域的局部污染问题。固液分离后的污水进行厌氧发酵制沼用作燃料或发电，或工业化处理做到达标排放，实现养殖粪污"真利用"，做到养殖粪污全量化无害化处理。

（5）推动"畜牧+中药材"有机结合。据研究，种植中草药在了解药用器官生长特性的前提下，平衡施肥可实现产量和药效的综合提高，对于根类和地下茎类药用植物特别适合重施农家肥，增施磷、钾肥。樟树抓住道地药材"三子一壳"农家肥需求这一契机，建设完成消纳有机肥的药材等各类种植基地3万亩。吴城乡万亩中药材种植基地在施用有机肥料后取得了良好效果，枳壳长势喜人，预计可为农户每亩地年增收1000元。

四、奉新县万亩生态猕猴桃带动绿色经济崛起

奉新县地处赣西北，在全国率先开展野生猕猴桃驯化和人工栽培，是中国猕猴桃之乡，至今全县猕猴桃栽培面积已达到8.5万亩。"奉新猕猴桃"先后获农业部农产品地理标志登记保护、全国名特优新农产品目录、全国名优果品区域性公用品牌。坚持"绿色种培，生态建园"理念，奉新精心打造万亩生态猕猴桃产业园，采取"政府+公司+合作社+农户"的发展模式，整合基地、品种、品牌、农业休闲、农资、农机、包装、销售等资源，建成集"生态环保、绿色生产、农耕体验、科普教育、文化展示、产品营销、休闲观光、智慧农业与电子商务"等多功能于一体的现代农业综合产业园。2018年奉新万亩生态猕猴桃产业园被评为江西省第三批生态文明示范基地。

（一）主要做法

一是坚持"绿色标准，技术合作"发展模式。依托两个科技创新平台（江

西省猕猴桃产业技术体系赣西试验站和江西省猕猴桃技术工程中心），奉新县制定《绿色食品·猕猴桃栽培技术规程》江西省地方标准并实施。为提高猕猴桃技术转化和应用水平，通过"走出去、请进来"的方式，组织技术人员到新西兰、陕西、四川、河南等地现场考察猕猴桃生态种植技术和产业发展模式，加强与中国科学院武汉植物园、江西农业大学、江西省农科院、江西省山江湖委办等科研单位的技术合作，推动技术创新。

二是严格"体系监控，生态治理"管理模式。建立严格的猕猴桃生产管护制度和产品质量安全可追溯体系，从选苗育苗到采摘加工实行全过程监控。在防治病虫害方面，采用农业防治、物理防治和生物防治相结合的方法，确保无农药残留，不产生面源污染。对使用高毒高残留农药、滥用膨大剂、保鲜剂等影响果品品质的行为进行专项整治和严厉打击。在除草育苗方面，坚决不施用除草剂，全部采用人工和机械方式进行除草、割草，既解决了树盘内杂草滋生问题，还增加了土壤肥力及有效磷、钾、镁的含量，不但对生态环境没有污染和破坏，反而能改良土壤理化性质，改善周边生态环境平衡，真正做到原生态治理。

三是健全"有机产业，绿色旅游"链条模式。通过引进和培育一大批新型猕猴桃生产经营主体，进一步做强做优猕猴桃产业和品牌。通过扩大种植面积，改良生产工艺，开发果膏、果酒等衍生产品，开通线上线下销售，形成了从选苗—育苗—管护—采摘—冷藏—运输—加工—经营一条完整的多元化产业链。在保证猕猴桃生产环节提质增效的基础上，创新性融入休闲观光元素，开发更多旅游产品，实现农业和旅游服务业融合。为带动第三产业发展，建设多功能猕猴桃产业服务中心、休闲广场和产业文化展示馆、观光道路和休息驿站等公益性基础设施，建设示范果园和农家乐等休闲旅游场所。

四是强化"政策扶持，绿色发展"导向模式。为做大做强"奉新猕猴桃"品牌，推动猕猴桃产业朝着绿色、健康的方向发展，奉新县出台《关于促进猕猴桃产业健康发展的若干意见》，对猕猴桃产业提质增效和发展升级作出全面部署，并且成立猕猴桃产业发展领导小组统筹协调产业发展过程中的重大问题。县财政每年还固定安排 500 万~700 万元专项资金用于引导和扶持各类猕猴桃生产经营主体做大规模、做强技术、做精加工、做响品牌，帮助企业、果农果商走上良性发展轨道。同时通过生产经营主体带动贫困户种植、为贫困户提供劳务机会，"保底收益+按股分红"使贫困户收益等方式推动"产业扶持"带来"产业扶贫"。

（二）取得成效

目前，奉新县猕猴桃产业已呈现出"生产规模稳步扩大，果品质量逐步提升，经济效益大幅增长，产业化经营格局基本形成"的良好发展态势，带动周边农户增收，逐步探索出一条产出高效、产品安全、环境友好的现代化发展之路。

一是绿色经济产业融合。利用猕猴桃产业服务中心和产业文化展示馆，搭建电商物流平台、"智慧农业"示范点，并与省农业厅农业物联网综合服务平台、农产品质量安全追溯平台及"赣农宝"电商平台相对接，已累计完成固定资产投资1.8亿元。已连续举办三届中国·奉新猕猴桃文化旅游节，仅在2018年节庆期间，奉新县接待游客总人数达8.2万人次，旅游综合收入达1.1亿元。真正意义上实现一二三产有机融合和互促发展，走出了一条生态经济化的绿色富民、生态强县之路。

二是产业发展扶持见效。据不完全统计，2010~2019年奉新县共统筹4000余万元财政性资金投入猕猴桃产业。当前，奉新猕猴桃栽培面积增至8.5万亩，其中挂果面积增至近7万亩，绿色有机富硒猕猴桃生产面积达4万亩。2019年，奉新猕猴桃鲜果总产达7.2万吨，综合产值超过8亿元。全县猕猴桃种植、销售、加工企业有12家，其中市级以上农业产业化龙头企业5家；猕猴桃生产农民专业合作社有21家；全县猕猴桃产业从业农户达7000余户，从业人员达20000余人，50亩以上的猕猴桃生产专业大户有280余户；园区年产值达3亿元以上，直接带动项目区农民人均增收7000元以上，带动全县120余名贫困人口脱贫，年务工收入2000~15000元不等。

三是生态品牌持续升级。奉新县经过长期的自然和人工选择，成为少有的中华、美味、毛花、软枣猕猴桃共生区，红、黄、绿肉系猕猴桃的汇集区，高、中、低档各类品种并驾发展。在成熟期安排上，早、中、迟熟合理搭配，均衡上市，延长销售期。目前，已有红阳、徐香等早熟品种，金果、米良一号等中熟品种，金艳、金魁等晚熟品种，产量稳定。产业园区实行全程质量管控、产品质量安全可追溯制度，产量和品质大幅提升，猕猴桃品牌知名度不断提升。

四是绿色经济发展顺畅。奉新县引进和培育了菲乐奇、新西蓝、江西百等6个新型猕猴桃生产经营主体，建立了2个猕猴桃科技创新平台、2个省级产业园区，配合农业大学、农科院等科研组织开展科研工作，并开展猕猴桃技术对外交流活动，为奉新县猕猴桃产业创新发展带来了源源不断的坚实力量。园区有力促进了猕猴桃产地加工和休闲旅游及电子商务等新型业态的发展，是都市居民休闲观光、农耕体验的好去处，也是农业供给侧改革的引领园、科技创新的孵化园、成果应用的示范园和猕猴桃经营主体的创业园，辐射带动奉新及周边猕猴桃种植区全面提质增效。

第四节　以生态工业推动生态产品价值实现

一、萍乡市产业转型升级示范区建设

2019 年 8 月，萍乡市获批国家第二批产业转型升级示范区。坚持"高质量、有特色、走前列"工作思路，着力优化产业结构，改造升级传统产业，培育壮大新兴产业，推动萍乡经济高质量跨越式发展。获批老工业基地调整改造、资源枯竭城市转型升级真抓实干两项国务院表彰。

（一）主要做法

（1）健全示范区建设推进机制。

1）强化组织保障。成立了以市委书记和市长为双组长的产业转型升级示范区建设领导小组，制订了实施方案，明确了年度重点任务，组建了示范区建设工作专班，成立了 7 个专项小组，建立了每月一调度、每月一会议、每月一总结、年底大考核的协调推进机制。

2）明确发展定位。科学制定发展目标，围绕"打造中部地区经济高质量发展的先行区、新旧动能转换和多元发展的样板区、跨省区域合作和产业承接的试验区、资源型城市产城融合发展的示范区、老工业城市体制机制改革的创新区"，实现"一年开好局、三年见成效、五年树样板"，探索老工业城市和资源型城市产业转型升级可推广复制的经验。

3）争取政策落地。积极争取上级政策，争取江西省发展改革委等部门出台了《支持萍乡产业转型升级示范区建设若干政策措施》，支持萍乡产业转型升级示范区建设。2019 年以来，争取老工业地区振兴发展专项超 1.3 亿元，资源枯竭型城市转移支付超 2.1 亿元。

4）做好宣传引导。建立了产业转型升级宣传推广机制，通过多种形式，广泛宣传萍乡产业转型升级示范区建设的政策、目标和意义，进一步统一了干群思想、达成了共识，凝聚了示范区建设合力。

（2）强化示范区建设推进举措。以优化营商环境，增强产业转型升级"活力"。一是创新招商方式,积极探索承接产业转移途径,解决"引进来"问题。根据主导产业发展现状和薄弱环节,大力承接、吸纳先进地区转移产业和外溢资本。精准制定优惠政策,大力开展重资本招商、轻资产招商、中介招商、委托招商,打造招商引资"萍乡磁场"。二是大力推进"放管服"改革,持续"优环境、降成本",解决"留得住"问题。开展保证金清退、中小企业账款清欠等行动,开展营商环境对标提升行动,全面实行"三十九证合一"。深入推进投资项目审批提质增效改革,投资项目审批时限由原来的 100 多天压缩到现在的 33 天。

(3)以拓展发展空间,增强产业转型升级"载力"。一是推动跨省区域产业合作平台建设。启动赣湘边区域合作园区建设,成功争取萍乡市全部县区纳入发展规划,与株洲签订"三年行动计划"。赣湘开放合作试验区产业园区建设已初具规模,合作园区完成总投资 55.52 亿元,入驻企业 212 家。二是推进转移产业承接平台建设。推进安源、湘东、上栗、芦溪工业园扩区调区,极大提升了工业承载能力。采取政府+企业共建模式,根据企业生产需求,为落户企业量身定制产业标准化厂房,已建成 200 多万平方米。

(4)以延链补链强链,提升产业转型升级"黏力"。一是突出龙头企业示范带动。把龙头带动作为提升产业聚集度的重要带动力量。成功引进星星科技、易事特智慧产业园、西人马等一批电子信息产业龙头项目。培育了国家首批专精特新"小巨人"企业岳峰高分子,以及全省首批瞪羚企业四通重工、中材电瓷电气、圆融光电等。二是坚持产业集群培育壮大。打造产业集群,经开区获评国家产业转型升级示范园区和国家级绿色园区,芦溪电瓷产业被列为省"满园扩园"重点产业集群,莲花空压机产业被列为省级重点产业集群。电子信息、装备制造、金属材料、食品医药等产业增加值分别增长 78.4%、23%、13.7%、11.2%,全市主导产业对规模以上工业增长贡献率突破 90%。

(5)以科技创新引领,增强产业转型升级"内力"。一是推进提升优化传统产业,重构产业竞争力。推动传统产业由价值链中低端转向价值链中高端,重构产业竞争力。目前,实现电瓷企业数量占全球和全国的 24%、42%,产品销售占国际和国内市场的 20%、70% 以上,新型环保陶瓷占全国市场份额也达到 70% 以上。二是推进科技创新平台建设、校企合作和成果转化。培育省级协同创新体 12 家、省级工程技术中心 32 家、国家高新技术企业 170 家。与国内知名院校共建研究院。加大科技投入,2019 年研发经费占 GDP 比重达 1.6%,较上年提高 0.26 个百分点。

(6)以城市更新改造,增强老工业城市"磁力"。一是全面开展海绵城市建设。把海绵城市建设作为加快城镇化步伐的重要抓手，完成单个海绵体改造 166个，建成海绵城市面积 32.98 平方千米，实现了城市"小雨不积水、大雨不内涝、水体不黑臭、热岛有缓解"的建设目标。二是推进废弃矿山生态治理和城市生态空间修复。大力推进"三区两线"裸露地复绿，利用废弃矿山，因地制宜发展林下经济、花木培育、特色养殖等，4 万多亩废弃矿山变身"阳光花海""金山银山"。针对萍水湖湿地公园、聚龙体育公园、玉湖公园等城市生态空间开展修复建设，促使"百年煤城"蜕变成"宜居美城"。

（二）主要工作成绩

（1）经济保持平稳健康发展。2019 年，实现生产总值增长 7.5%，财政总收入增长 6.8%，规模以上工业增加值增长 8.7%，固定资产投资增长 9.7%，社会消费品零售总额增长 11.3%，实际利用外资增长 6.2%。

（2）产业转型迈出有力步伐。2019 年，三次产业结构比例为 7.3∶44.5∶48.2。战略性新兴产业增加值增长 9.8%，占规模以上工业增加值比重达 18.4%。获评国家级工业资源综合利用基地，连续四年被评为全省科学发展和高质量发展综合考评先进设区市。

（3）城市竞争力不断提升。海绵城市建设连续三年获绩效考评全国第一，入选中组部"贯彻落实习近平新时代中国特色社会主义思想、在改革发展稳定中攻坚克难案例"。被评为全国城市信用监测排名进步前十城市，跃升至全国第十七。武功山获评国家 AAAAA 级景区，城市更具美誉度、知名度。

（4）群众获得感日益增强。公共财政支出 82.5% 用于民生保障，贫困县莲花县脱贫摘帽。城镇新增就业 3.1 万人、新增转移农村劳动力 2.1 万人；城镇失业率 3.35%。公众安全感居全省第二。全市环境质量稳步提升，中心城区 PM2.5 年均浓度下降至 42 微克/立方米，饮用水水源地水质达标率和河流监测断面水质达标率均达到 100%。

二、南昌高新区探索园区实现循环绿色发展

2014 年 7 月，南昌高新区获批国家园区循环化改造示范试点。经过 5 年的试点建设，南昌高新区通过循环化改造，既优化了园区投资环境，有效提升了园区经济效益，又实现了园区落后生产工艺与设备的升级改造，提升了产业关联度，强化资源能源综合利用，真正实现了园区循环和绿色发展。按照国家发展改革委、财政部要求，高新区已于 2020 年 4 月递交了国家园区循环化改造示范试点验收材料，预计于 2020 年 12 月前完成验收。

（一）主要做法

高新区连续多年在发展循环经济的过程中不断探索实践，严格按照"五个一体化"发展模式和理念，通过管理创新，政府协调、互利共赢的方式，对园区进行整合，构建企业自身、园区内部及园区周边三个循环圈，使园区内及周边范围的原料、中间体、产品、副产品及废物做到互供和共享，实现资源利用最大化，区内产业结构由过去开环式线性经济向闭环式循环经济新型模式发展。

产业链条一体化，主要是通过产业链合理的纵向延伸和横向耦合，充分整合园区内企业，按照上下游关联的特点，形成了电子信息、航空制造、光伏光电、高精铜材与再生资源等几大具有循环经济特点的产业链。尤其是电子信息与航空制造产业，实现了生产装置间、企业间原料、中间体产品、副产品和废弃物的互供共享关系，达到资源的减量投入、集聚生产和循环利用，并实现了园区废物的资源化和"零排放"。

公用工程一体化，主要是对园区供水供电、道路交通路网、废弃物交换、公共资源节能改造、集中供热等基础设施按照一体化思路进行整合，形成了一体化的公用工程网络系统。

物流传输一体化，主要是对输送管网、储运仓库、公路运网、绿色物流园区等设施的整合和完善，形成园区内一体化的物流运输系统。

环境保护一体化，主要是对园区的废水处理、固体废弃物综合利用、危废处理处置、大气、水环境质量监测、生态绿化设施等进行了一体化建设和完善，形成了统一的环境质量监测中心，有效监督和管理园区产生的废水、废气和废渣等排放。

管理服务一体化，建设了循环经济公共信息服务平台、循环经济监测系统平台和循环经济技术研发孵化平台，统一协调并服务于园区循环经济建设和发展。

（二）主要成效

一是增进经济效益"绿色实力"。依托园区循环化改造关键项目的实施，园区通过延伸产业链条提高了产品附加值，对副产物、废弃物进行综合利用。全区自实施循环化改造以来，共推进了35个循环化改造重点支撑项目落地，实现投资208.1亿元，实现产值约261.7亿元。园区总体发展实力不断提升，2019年园区总收入首次突破4000亿元，达到4100亿元；园区工业营业收入2673.9亿元，是全省唯一工业营业收入过2000亿元的开发区；地区生产总值（GDP）增长9.9%；财政总收入114.24亿元，增长10.9%，是全省财政收入唯一突破百亿元的高新区；在2019年科技部火炬中心公布的全国国家级高新区综合排名中，由

2018 年（全国 158 家高新区）的第 38 位，跃升至（全国 169 家高新区）第 30 位，连续五年进位赶超，进入国家级高新区"第一梯队"。

二是提升资源环境效益"绿色贡献"。全面建立起了资源能源利用、污染排放控制的管理体系，有效促进了副产物及废弃物资源化再利用，提高了能源资源节约与循环利用水平。截至 2018 年，园区资源产出率达 2320 元/吨、能源产出率 3.71 万元/吨标准煤、土地产出率 1954.4 万元/公顷、水资源产出率 467.5 元/立方米。污染排放水平将明显降低。企业间形成的工业生态系统中各种物质代谢关系，使南昌高新区内的物质利用最大化和废物产生最小化，减少了工业固废的产生和排放，降低对自然资源的需求，减少能源消耗。能源结构清洁化和利用明显提升。在全区范围内推广集中供热模式、太阳能等清洁能源，提高了全区能源使用效率，全区分布式屋顶光伏电站装机容量已达约 23 兆瓦。生态环境质量明显改善。全面推进瑶湖、艾溪湖及南塘湖人放天养工程，对水体水质进行保护和改善；完成 19 个海绵城市项目建设，实施区域面积约 9.39 公顷；全面优化园区绿色布局，累计完成 150 万平方米"荒改绿"工程、15 万平方米的沿线绿化带"绿改彩"工程，园区绿化覆盖率达 50%，进一步优化提升了南昌高新区招商引资环境。

三是打造社会效益"绿色格局"。带动社会就业。随着园区生产总值不断提高，循环经济不断壮大，为本地农村劳动力的转移和城镇劳动力的就业提供了大量机会，较好地解决农村剩余劳动力的就业问题。同时，这些循环经济重大项目的实施还吸引了大量技术和管理人才，提升了全区现有人才结构层次，为高新区经济发展提供了人才支撑。推动基础设施建设。通过园区循环化改造工程，加强了园区公共服务信息平台和园区道路、管廊、环境保护等基础设施的建设，已建成青山湖污水处理厂、瑶湖污水处理厂、航空城污水处理厂等 3 个污水处理厂及配套污水收集系统，共建成污水管网 337 千米，已开发区域已实现污水全收集全处理。高新区的投资环境大幅提升，增强了对外来资金的吸引力，为承接国内外产业转移提供良好的发展平台。居民循环意识明显增强。在产业发展规划中重视生态产业和高新技术产业的发展，积极开展生态环境保护的宣传、教育和培训，居民的生态环境保护意识明显增强。示范辐射作用加强。实施循环化改造工程加快了园区对循环经济工作的探索和实践，有利于发挥南昌高新区的辐射带动作用，对周边地区有着很强的示范、辐射和带动的效果。

三、铜鼓县推进全域生态工业，助推特色赶超发展

近年来，铜鼓县围绕省、市部署要求，坚持"全域生态工业"发展战略不动摇，以"生态+大健康"产业为方向，以县工业园区为主战场，积极招大引强，主动服务项目，全面攻坚克难。2020 年第一季度，该县共洽谈引进 3000 万元以上项目 11 个，其中亿元以上项目 5 个；全县开工、竣工项目 11 个，县工业园区被省政府正式批复为省级产业园。

（一）聚焦园区建设，夯实承接平台

以成功创建省级产业园为契机，整合各类资金，不断完善基础设施，全面提升项目承载能力。一是提升服务功能。按照"部门一次办好、企业最多跑一次"的目标要求，渐次安排国土、建设、环保、安监、市场和质量监督管理局、劳动保障、公安等职能部门进驻园区，完善园区行政审批，启动"帮代办"制度，全县行政审批时限压缩68%以上。二是提高产业集聚水平。按照"产业聚集、科学布局"原则，推进省级产业园"提标扩面"，合理规划园区土地，共清理盘活1000 余亩闲置及低效利用土地，进一步提高了园区集约发展水平；用足用好园区融资平台，集中规划和统一建设多层标准厂房，采用市场化经营方式开发建设产业用地和小微企业创业园。三是完善基础设施建设。以打造新城区为目标，启动了规划建设 2.6 万平方米可容纳 1000 余人的易地搬迁安置房；完成污水处理厂水质监测设备安装调试，提高污水处理监测能力，实施园区 2 千米道路硬化及两侧雨污管网、供水管网、弱电管网铺设。同时，引入竞争机制，将园区公共服务推向市场，进一步完善了园区电商物流、技术研发、职工培训、金融等配套服务功能。

（二）坚持招大引强，积蓄发展后劲

立足铜鼓工业比较优势，加大项目招引力度，全力推进生态工业"提档升级"。一是突出生态导向。坚持以生态理念抓工业，严格执行环保"三同时"制度，严禁不符合环保要求的项目落户，共婉拒不符合环保要求的亿元以上项目 7 个；鼓励"飞地经济"模式，引导不符合铜鼓县生态功能区负面清单的企业落户宜春经开区。二是狠抓主导产业。按照"产业特色对接主导产业、地域热点对接'长株潭'、主要领导对接大项目"的发展思路，以"竹精深加工、医药、食品加工"三个主导产业为重点，按照"横向扩围、纵向延伸"的发展路径，先后引进江西骏智机电、天怡铝膜等 5 个科技含量高、税收贡献大的亿元以上项目。三是大力实施"双转"。按照"布局合理、特色鲜明、集约高效、生态环

保"的原则，全面推进"双转"工作。即所有工业项目转向园区集中、所有规上企业完成技改升级。建立"规下转规上"后备工业企业信息库，坚决兑现"四上"企业入库奖惩政策，力争每年新增规上企业 8 家以上，确保 3 年内完成所有规上企业技改升级工作。

（三）突出精准施策，创优服务环境

坚持"深入""精准"两个导向，持续开展"降成本、优环境"专项行动，为全县稳增长、促升级提供强有力支撑。一是突出精准施策。深化"三进三促""工业日""入企听诉"等活动，先后 13 次召开政企座谈会和银企洽谈会，梳理汇总、妥善解决项目建设难题 45 个，为企业减负 7800 万元。按照"封闭运行、滚动使用、微利经营"的原则，扩大工业转贷资金，先后为民济药业、奔步科技等 7 家重点企业提高资金周转支持。二是完善政策激励。抓住大数据革命带来的"机会窗口"，大力发展新经济、新产业、新业态，财政年初预算创新驱动"5511"工程专项经费 500 万元，对新认定的高新技术企业、新批准的省级或市级企业研发中心、新立项的省级重点新产品进行奖励；同时，对首次获得中国驰名商标、省著名商标、市知名商标的企业，由县财政分别奖励 20 万元、5 万元和 2 万元。三是加强督察考核。建立工业项目联合督察机制，县委书记督察室、县长督察室、县公安局、工信委、商务局、行政服务中心等单位先后 17 次开展联合督察，下发督办单 11 次，查处扰乱项目建设、企业生产、侵犯企业合法权益的人和事 14 次，进一步创优了服务企业发展的"亲、清"环境。

四、奉新县生态工业园区引领绿色发展

近年来，奉新县以习近平总书记生态文明思想为指引，坚持"生态优先、绿色发展"理念，按照经济生态化、生态经济化发展思路，率先在县一级提出创建生态现代工业园区构想，旨在推动工业体系从传统粗放型向绿色高效型转变，促进工业产业结构性优化和工业经济循环可持续性转变，实现资源消耗逐步降低、环境污染大大减轻，深层次解决环境和经济发展矛盾，走出一条工业文明与生态文明协调发展之路。

奉新高新技术产业园区设立于 2001 年 7 月，总规划面积 14.9 平方千米，是"江西省生态工业园区""江西省循环经济试点园区""江西省新型工业化产业基地"和"长江经济带国家级转型升级示范开发区"。截至目前，已落户的 234 家企业中投产工业企业 139 家，其中规上工业企业 108 家。为进一步提升工业生态化建设水平，推动工业经济更高质量发展，探索工业快速发展与环境保护最佳结

合方案，奉新县结合自身产业结构特点，出台了《创建生态现代工业园区实施方案》，提出以转变经济增长方式、提高生态文明水平为主线，以建设宜业宜居、绿色生态现代大美工业园区为目标，大力实施园区污水处理设施提标改造、雨污分流等"碧水"工程，推广集中供气、废气监测等"蓝天"工程，实施环境整治、固废处理等"净地"工程，推进增植补绿、美化亮化等"宜居"工程，推进绿色生态工业园区建设，打造山清、地绿、水秀、景美的产业新高地，推动园区经济绿色可持续发展。

（一）具体做法

（1）构建绿色工业体系，推动园区产业转型升级。把新材料新能源作为首位产业全力推进，大力探索"生态文明+工业文明"协调发展之路，积极推进工业体系向绿色、低碳、循环、环保、高效转型。一是政策推动，聚力高新产业。出台《关于加快锂电新能源产业发展的实施意见》《奉新县非金属新材料产业基地规划实施意见》等文件，对新材料新能源企业实行"一个县领导挂点一企、一个部门帮扶一企"的"一对一"帮扶机制，对重点企业实行"政府事务服务代表"制度，及时协调解决企业发展过程中的实际困难和问题。二是技改促动，提升企业效能。设立县中小企业发展专项资金、纺织产业发展引导基金和企业续贷帮扶资金，对企业技术改造、设备升级给予补助，引导鼓励企业向高端制造、智能制造、核心技术研发迈进，推动纺织产业由劳动密集型向智能装备型转变。三是创新驱动，蓄积发展后劲。建立政府、企业、高校、科研院所有效互动的科技创新体系，引导支持企业建设创新平台和创新团队，对各类平台给予 5 万~50 万元不等的奖励。

（2）转变传统环保模式，推动园区生态环保升级。健全环保管理制度，加大环保投入，优化环保设施，促进企业经济效益、社会效益和环境生态效益同步增长。

一是变末端治理为源头控制。严把项目准入关，牢固树立"生态招商、绿色建园"的理念，制定入园项目负面清单。建立投资项目节能评估和审查制度，由县政府组织发展改革、工信、生态环境、自然资源、应急管理等相关部门对各类项目进行联合审查，从源头控制高耗能、高排放、高污染项目的引进。

二是变政府单投为政企共投。将环保投入列为公共财政支出重点，采取调整支出结构、盘活存量资金、积极争取上级资金等措施，逐年增加环境污染治理和生态保护专项资金。健全以奖代补和先建后补资金补助机制，对企业自筹资金建设的污染治理和污染减排项目，以"以奖代补"的形式给予补助；对企业正在实施的污染治理和污染减排项目，以"先建后补"的方式给予补贴，最大限度调动企业治理污染积极性。

三是变分散监控为统一布控。投入 4000 万元整合园区及企业原有环保、安全、消防等各类监控平台，建成宜春市首家、全省领先的环保安全应急智慧管理中心。通过搭建环保安全应急智慧管理大数据平台，打破"信息孤岛"，实现可视化监控、智能分析、自动预警、快速响应等功能，形成"点、线、面"完整监控网络和信息化、自动化监管体系。在园区雨水总排口、园区边界及 25 家重点涉水涉气企业安装雨水污水、烟气及恶臭在线监测系统，全部联网投入使用。水质、恶臭在线监测设备统一由第三方运行维护，数据与环保部门实时联网，确保废水、废气稳定达标排放。在企业大门处统一安装在线监控数据公示 LED 屏幕，实时公示企业环保信息及排放数据，接受公众监督。

（3）建立产城融合机制，推动园区发展环境升级。不断深化产城融合，加快推进"以产带城、以城促产"，完善园区生活配套服务，引进现代服务业，推动园区发展由宜业向宜居宜业转变。

一是建立常态化管护机制，提升园区环境。投入近亿元实施园区道路形象改造提升、企业形象美化、园中村环境整治等七大工程；引进上市公司伟明环保投资 2.3 亿元建设日处理垃圾 600 吨的焚烧发电项目，着力打造花园式生态现代工业园区。创新环境管护机制，按照建管分离原则，对园区道路建设、绿化亮化洁化等工程，实行园区负责建设，建成后交由县城管局负责管理，县财政按移交面积给予管护经费保障的模式，让专业的人做专业的事，实现园区环境常态化管护。

二是建立多元化投入机制，健全配套功能。加大财政投入，先后投资建设休闲公园、职工之家、健康驿站等公共配套服务设施，推动教育、卫生、购物、金融资源入驻园区，为企业职工提供便捷生活服务。鼓励符合条件的企业依法依规将临干道工业用地转为商业用地，自建或引入社会资本开发利用，提升园区服务业发展水平。

三是建立立体化服务机制，吸引高端人才。在住房、出行、教育、医疗等方面出台一揽子政策，提供全方位创业就业环境。对规上企业务工人员随迁子女入学，简化学籍转接手续，实行随到随办、限期办理制度。对规上企业法人和高管来往奉新、南昌高铁站和飞机场的高速公路费用给予补助。为规上企业设立医疗专职顾问，对规上企业中层及中层以上管理人员建档立卡，为其医疗保健提供导医、陪同、联络等绿色通道服务，为园区的进一步发展吸引、留住更多高端人才。

（二）工作成效

（1）园区产业结构趋优提速，"集聚效应"明显。目前，园区共聚集新材料新能源企业 30 家，初步形成锂电池产业链，2019 年主营业务收入达 386.85 亿元。全省首个渔光互补光伏发电站项目——泰明渔光互补光伏电站现已装机 90 兆瓦；紫宸科技锂电负极材料产能达到 3 万吨，产能位居全国前列；宁新新材料、九岭新能源列入全省"映山红行动"计划。重点推动纺织企业"机器换人"改造，每万锭纺纱用工最低只需 40 人左右，劳动定额远远低于国家纺织行业 130 人的标准。目前，纺织产业被列入全省 60 个重点产业集群，纺纱规模达 250 万纱锭，占全省总量的 46%，园区鑫源特种纤维等 3 家企业被列入江西工业低碳转型绿色发展项目库。紫宸科技与中科院合作建立中试基地，同和药业建立博士后科研工作站，金环颜料有限公司获批设立省级博士后创新实践基地，冠亿研磨股份有限公司获评全省唯一国家级示范型国际科技合作基地。目前，园区共建成国家级创新平台 2 个，省级工程技术研究中心 6 个，市级创新平台和团队 17 个，与高校、科研院所开展产学研合作的企业近 50 家，专利申请超千件，高新企业达 36 家，高新技术产业产值占工业总产值的比重达 46%。

（2）生态环境向好变化，"自净能力"提高。引进投资 3.5 亿元的集中供气供热项目，替代企业燃煤锅炉 52 台，实现集中供蒸汽和天然气到企业，成为全省第一家采用集中供气供热的园区，每年可减少废气排放 91608 万立方米、二氧化硫 971.78 吨、氮氧化物 801.05 吨。园区高标准建成一座污水处理厂，实现外排污水一级 A 标准，污水处理能力提升至 3.2 万吨/日，医药化工及印染企业一企一管、一企一监测、一企一价。目前，园区近 30 家医药、化工和印染重点企业累计投入 2 亿多元，实施了新改扩建水、气处理设施。奉新县高新园区作为全省工业污染防治的标杆，成功承办 2019 年全省污染防治攻坚战现场推进会，生态现代园区污染防治 10 项举措，30 条经验在全省推广。

（3）人居环境持续改善，"配套服务"增强。坚持生态现代园区"宜业宜居"导向，着力建设花园式工业园区。完成园区道路黑化面积 40533.08 平方米，铺设草皮 131351.8 平方米，绿化补植 4703 棵，劳动公园改造基本完成，职工之家建成并投入使用。在园区周边先后引进建设投资 15 亿元的城市综合体，投资 5 亿元的星级酒店，投资 11 亿元的天工开物农旅小镇，有效提升园区配套服务水平。在园区配套建设公租房，专门划拨 557 套住房作为园区企业人才公寓。投入 3 亿元高标准建设人才小区，为企业法人、高管和硕士研究生以上学历人才免费提供居住场所，园区工业生产与生活休闲融合建设已取得初步成效。

（三）经验启示

通过在建设生态现代工业园区中不断探索和实践，取得成效的关键在于：

（1）坚持绿色理念，强化企业环保意识。园区的发展要实现可持续，必须坚持绿色理念。环境保护要注重"政府主导、企业主体、社会合力"机制，作为具体实施环节，企业需要加强社会责任感，成立专门环保部门，提升环保意识，针对污染加强防治实施建设和防治成效监测，实现经济发展与环境保护双赢[4]。

（2）坚持项目为王，带动经济快速发展。利用高新园区的优势资源和优惠政策，聚焦主打产业，吸引一批好的、大的项目入园，培育一批优势企业，完善产业上下链条。项目是园区发展的生命线，优势企业更是产业链延伸的关键，加快引进和培育龙头企业，是带动经济发展的关键一招。

（3）坚持提升服务，推进现代化管理。生态现代工业园区既要园区生态建设优美、实施环境保护，也要有现代化管理手段，有优质的营商服务。营商环境要彰显企业至上，从"企业找我办事"转变为"我为企业服务"。

第五节　以绿色金融助推生态产品价值实现

一、古村古建资源活化利用　金融助力秀美乡村建设

金溪县现有明清古建筑 11633 栋，102 个古村落，其中中国历史文化名镇（名村）7 个、中国传统村落 42 个、江西省传统村落 31 个、古祠堂 100 余座、明代牌坊 8 座、清代牌坊 30 余座，居全省第一、全国第一方阵。为活化利用古建筑、古村落的资产资源，金溪县委、县政府通过政策引领和机制创新，引导银行将金融资源配置到绿色经济，打通生态产品"资产—资本—资金"的通道，实现生态产品价值的转换，创新现代金融供给，推动绿色发展崛起。

探索古村落古建筑托管方式，探索古村落产权、托管经营权确权颁证并达成交易，以实现古村落古建筑的活化利用，打造古村古建活化利用生态产品价值实现的"金溪样板"。

创新多种贷款发放模式。根据不同的客户类型，银行尝试创新开展了"个人+

古建筑生态产品价值"方式、"旅游开发公司+古建筑生态产品价值"方式、"古村保护开发企业+古建筑生态产品价值"方式和"村集体经济+古建筑生态产品价值"方式；在产品的设计上，也实行"组合拳"，如推出"古建筑生态产品价值抵押+信用""古建筑生态产品价值抵押+保证""古建筑生态产品价值抵押+其他抵押"等多种模式。不同的产品设计和模式满足了不同客户群体的需求，丰富了产品内涵，增加了实际可操作性[5]。

（一）具体做法

一是高位推动，成立机构。由金溪县委、县政府主导，成立以县委书记任组长，县长任第一副组长的"金溪县金融支持生态产品价值实现试点工作领导小组"。领导小组定期召开工作联席会议，听取试点工作进展情况汇报，协调解决工作中存在的问题；督导各项金融支持生态产品价值实现保障政策落实，对成员单位试点工作情况进行考核与通报。各成员单位结合自身职责，落实责任，形成合力，切实推动试点工作顺利开展。

二是完善机制，落实保障。金溪县政府探索建立古建筑产权、古建筑经营权确权颁证等制度，在现有的农村产权交易中心基础上，建成"金溪县生态产品交易中心"，为古建筑的办证、贷款、经营权流转提供一站式服务；积极与深圳文化产权交易所对接，搭建传统村落和古建筑的线上交易平台，将优质古村资源市场化，实现所有权与使用权的高效流转；由县政府财政出资 2000 万元，设立生态产品价值实现融资风险补偿金，同时建立金溪县绿色金融法庭，增强金融机构落实生态产品价值实现试点工作的信心。

三是找准目标，探索路径。创新"古村落金融贷"，解决古村落建设难题，分三个层次满足古建筑产权企业、古村落开发保护企业或个人关于古村落生态环境美化融资、古建筑保护与利用融资、古村落休闲旅游融资和古村落文化创意融资，重点探索建立古村古建宅基地流转、经营权托管、土地性质转换、确权颁证、价值评估核算、线上线下交易、保护修缮、开发利用等工作机制，力求通过挂牌出让、深圳文化产权交易所古建民居资产托管交易平台交易等措施，探索古村古建产权、经营权价值评估核算有效路径。筹措更多的资金用于古村古建保护和开发利用，繁荣金溪古村落旅游市场，实现古村落古建筑生态产品价值增值。

（二）取得成效

一是创新担保方式，用活经营权。为振兴乡村旅游建设，金溪县腾飞旅游建设有限公司，主要以城乡旅游基础设施建设、旅游交通设施建设、旅游景区、景点开发、政府投资的旅游项目代建管理为主，经营管理县城及各乡镇旅游景点，如金溪县竹桥古村、金溪县红色后龚景区、金溪县天门岭景区等。该公司目前在浒湾、东源、浦塘等村落大量征收传统古屋古建，致力于将他们打造成类似"竹桥古村"一样的乡村旅游景点，故而需要大量的资金对传统建筑古屋进行修缮保护。

上饶银行与金溪县政府对接，洽谈"古村落金融贷"产品。作为试点的先头兵，通过前期调查，结合古村落开发经营特点，推出"经营权+担保"贷款模式。金溪腾飞旅游建设有限公司以竹桥古村、后龚等景区的经营权作为抵押，同时由江西省金溪县市政投资有限公司提供保证担保，银行对金溪县腾飞旅游建设有限公司发放了一笔期限3年，金额30000万元，利率为5.3%的贷款，主要用于古屋修缮及建设，破解了生态产品价值融资难的问题。

二是创新抵押方式，"死资产"变"活资产"。金溪县农商银行积极行动，大胆创新，及时推出"古建筑抵押贷款"产品，用受政府保护的古村落房屋价值作为抵押物解决融资难题。陆坊乡村民陆学辉拥有清朝古建筑一栋，建筑面积300平方米，保存完好。由于陆坊村已被纳入金溪传统古村落范围，近年来大力发展乡村旅游产业，陆学辉一直想把该栋古建筑改造成民宿，但苦于缺少流动资金一直未实施。金溪农商行在了解这一情况后，立即安排人员对接，利用该行创新的"古村落金融贷"产品，以该客户古建筑经营权为抵押物，在3天内发放一笔期限3年，金额50万元，利率为5.2%的"古村落金融贷"贷款，解决了客户资金难题。这也是金溪农商银行首笔"古村落金融贷"。目前农商行"古村落金融贷"贷款总发放贷款资金150万元。

二、洁养"成金"，智养"革新"——"畜禽智能洁养贷"开创畜禽养殖可持续发展新模式

生猪养殖作为抚州市东乡区特色产业，东乡区共有9个省一级种猪场和24个二级扩繁场，养殖户近千家。全区划定的生猪禁养、限养、可养区养殖规模容量为200万头。全年近120万头生猪年出栏量，能够带来20亿~24亿元销售收入。每年在给养殖户带来稳定收入的同时，其产生的粪污成为影响生态环境的重要因素，对生态环境带来的压力也日益突出，为全力解决生猪养殖带来的环境污染问题，加快推进畜禽养殖废弃物资源化利用迫在眉睫。2019年3月，东乡区委、区政府创新开展"畜禽智能洁养贷"试点。

（一）"畜禽智能洁养贷"产品介绍

贷款定义："畜禽智能洁养贷"（简称"智洁贷"）是抚州东乡农商银行以

互联网智能养殖管理平台为管理依托，创新养殖企业（户）经营权抵押方式，向养殖企业（户）发放养殖废弃物资源化利用专项贷款，贷款用于养殖场排污系统的改造、环保设施的升级和养殖设备的自动化、智能化，有效地改善和提升养殖现代化水平，大大减少对环境的污染。

市场定位：主要客户群体为取得生猪养殖许可的养殖大户、养殖农民合作社、生猪养殖产业化龙头企业等生猪养殖经营主体。

运作模式：借助"不动产登记证""专利权证"等模式，由畜禽养殖监督管理部门给予管理，将养殖户的《发展改革委立项备案书》《环评合格报告》《动物防疫条件合格证》三证合一，创新推出"养殖经营权"，并颁发《养殖经营权证》。养殖户通过将《养殖经营权证》在监管部门（区畜牧水产局）抵押登记的方式到农商行申请贷款，在贷款期间，由农商行监督管理养殖企业（户）的养殖《发展改革委立项备案书》《环评合格报告》《动物防疫条件合格证》三证。创新推出的"养殖经营权"，为养殖经营者提供了包含资产总量、生产功能要素齐全、合规化生产的"流动性"安排，能同时解决监管部门监管难、养殖户抵质押难、银行贷款风险大的问题，同时农商行与北京农信互联科技集团有限公司合作，充分结合农商行资金成本、支付渠道、行内风控、营业网点等金融优势与农信互联大数据智能风控、新型"银保合作"、资金使用方向、贷后经营监控、贷款到期回收等金融科技优势，共同打造区内生猪养殖智能网络平台。贷款养殖企业（户）通过安装农商银行互联网智能养殖管理平台，实时接受农商行网络线上贷后检查与监督，以科技优势提高生猪养殖线上管理和信贷风险防范能力，兼顾信贷精准投放、上下游信息共享。

（二）具体做法

一是开展调查摸底，广泛征求意见。农商行领导班子多次与区畜牧水产局领导一同深入生猪养殖企业开展摸底调查。通过实地勘察、召开座谈会，在了解养殖企业面临环评压力的同时向养殖企业征求拟出台的"畜禽智能洁养贷"信贷产品意见和建议，共同探索"畜禽智能洁养贷"的可行性。

二是多方协调联动，创新业务模式。人民银行南昌中心支行多次到东乡开展"金融支持畜禽养殖废弃物资源化利用"专题调研。在区委区政府的组织下，人民银行东乡支行、区畜牧水产局、区金融办等10余个单位共同参与座谈调研，创新引出了"养殖经营权"抵押模式新概念，并通过引入北京农信互联科技公司的互联网智能化养殖管理平台和全国生猪交易平台，以科技优势提高生猪养殖线上管理和信贷风险防范能力，创新性地提出"智能"+"洁养"新模式。

三是加强顶层设计，制订实施方案。成立"畜禽智能洁养贷"试点工作推广领导小组。充分结合本土畜禽养殖及金融支持的现状，出台了《东乡农商银行"畜禽智能洁养贷"贷款管理办法（试行）》及《东乡区"畜禽养殖经营权抵押贷款"创新试点实施方案（讨论稿）》。由区政府统一调度，制定出台了《东乡区"畜禽智能洁养贷"创新试点实施方案》。方案明确要求相关部门要形成强大的合力，为全面推进试点工作提供坚强的保障。

（三）取得成效

一是开创了"养殖经营权"新模式。借助"不动产登记证""专利权证"等模式，由畜禽养殖监督管理部门给予管理，将养殖户的《发展改革委立项备案书》《环评合格报告》《动物防疫条件合格证》三证合一，创新推出"养殖经营权"，并颁发《养殖经营权证》。养殖户通过将《养殖经营权证》在监管部门（区畜牧水产局）抵押登记的方式到农商行申请贷款，贷款利率执行 LPR 利率，充分让利于养殖户，大幅降低养殖融资成本，有效解决养殖户们融资贵的难点。创新推出的"养殖经营权"，为养殖经营者提供了包含资产总量、生产功能要素齐全、合规化生产的"流动性"安排，能同时解决监管部门监管难、养殖户抵质押难、银行贷款风险大的问题，开创了金融支持畜禽养殖废弃物资源化利用工作新模式。截至 2020 年 5 月底，东乡农商行总授信 1600 万元，已成功完成 7 家试点企业的贷款授信审批，总金额 1600 万元，现已发放"畜禽智能洁养贷"贷款 3 笔，贷款余额 520 万元。

二是打造了"智能+洁养"新平台。农商行与北京农信互联科技集团有限公司合作，充分结合农商行资金成本、支付渠道、行内风控、营业网点等金融优势与农信互联大数据智能风控、新型"银保合作"、资金使用方向、贷后经营监控、贷款到期回收等金融科技优势，共同打造区内生猪养殖智能网络平台。贷款养殖企业（户）通过安装农商银行互联网智能养殖管理平台，实时接受农商行网络线上贷后检查与监督，以科技优势提高生猪养殖线上管理和信贷风险防范能力，兼顾信贷精准投放、上下游信息共享。

三、广昌"采砂权质押"打通生态产品价值实现新路径

习近平总书记指出"保护环境就是保护生产力，改善环境就是发展生产力"，践行绿水青山就是金山银山，关键点就是找到合适的路径模式将生态产品价值转化为经济发展效益。广昌县位于江西东南部，武夷山西麓，是国家重点生态功能区和江西第二大河流——抚河发源地。近年来，该县始终把保护好生态环

境作为义不容辞的政治责任和历史担当,积极探索生态产品价值实现路径,开展河道采砂权绿色金融试点工作,通过将河道国有采砂权质押给银行变成现金,再用质押出来的资金用于绿色项目建设,进一步改善人居环境,打通了"绿水青山—金山银山—绿水青山"的双向转化通道,激发了绿色发展新动能,促进了县域经济高质量发展,取得了较好成效。

(一)主要做法

一是组建砂石公司,落实经营主体。为确保砂石经营主体独立运作,该县于2017年2月成立广昌县城投砂石公司,主要经营河道采砂、采石、建筑用石开采、销售等业务,砂石公司管理人员从县投资公司选调,砂场工作人员面向社会公开招聘、择优录用,并聘请相关技术人员组成,实现了河道采砂管理公司化、市场化运作。

二是直接许可经营,明确收益归属。根据2017年1月1日起颁布实施的《江西省河道采砂管理条例》相关规定:县级以上人民政府可以决定对本行政区域内的河道砂石资源实行统一经营管理。为改变以往砂石经营权拍卖中存在的串通投标、低价竞买等问题,该县依照法律规定,通过县政府常务会议研究决定,将盱江主河道、赤水河道及其附属河道的采砂经营权直接许可给广昌县城投砂石有限公司,明确由砂石公司对河砂进行统一开采、销售、经营,确保经营依法依规,利润全部国有。

三是完善管理制度,规范经营秩序。制定了《广昌县城投砂石有限公司管理细则》,对人员编制、人员选聘、工资待遇、工作职责、印章票据管理、财务管理、安全生产、请销假及值班制度等进行了明确,形成了一整套行之有效、奖罚分明的管理制度。特别是实行最严格的定价体系,砂石价格由县投资公司经理办公会确定,全县统一,价格调整幅度超过30%,需经县政府批准。同时,砂石公司坚持抽砂工序不对外发包,也不与他人合作经营,确保砂石经营无私人利益,操作阳光规范。

四是创新融资方式,打通转换路径。在经营主体、经营权益都明确的情况下,2019年3月,县投资发展有限公司积极创新融资方式,以砂石公司经营性收入为还款来源,通过采砂权质押等市场化运作,向中国农业发展银行申请贷款3.2亿元,贷款用途为盱江一河两岸景观带建设项目,项目总投资估算为4亿元。2019年5月,县投资公司又以河道综合整治清理砂石销售收入作为主要还款来源,再次向中国农业发展银行申请贷款2.1亿元,该贷款主要用于广昌县2019年度城市功能与品质提升工程,项目总投资估算为2.6亿元,打通了"绿水青山—金山银山—绿水青山"的双向转化途径。

（二）取得的成效

广昌河道采砂权绿色金融试点工作开展以来，实现了河道生态保护与经济社会发展的双赢目标，让美丽宁静的抚河发挥了较好的经济、社会、生态效益，真正诠释了绿水青山就是金山银山的生态文明思想。

一是在经济效益方面：广昌县城投砂石有限公司通过砂石经营收入质押贷款，已累计解决绿色项目建设资金 5.3 亿元，并为广昌新增创税 1500 万元，实现利润 3300 万元。

二是在社会效益方面：抓住扫黑除恶机遇，严厉打击"砂霸""河霸"等涉黑组织，收回了河道采砂经营权，实行国有化经营，建立了政府主导、国有经营、统一管理的河道采砂经营新模式，通过县砂石公司对河砂进行统一开采、销售、经营，实现河道采砂规范有序，河砂供应市场稳定，有效防止了砂石暴利和"黑市场"。

三是在生态效益方面：全面加强对抚河流域盱江段的生态修复，用采砂权权益质押担保获得的贷款收益 3.2 亿元全部用于实施河道治理、生态护坡、景观提升、河道绿化等城市"双修"。在城市"双修"的框架下打造四大特色区段，建设了全长 30 千米的滨江绿道系统、占地 84 亩的半岛公园、占地 130 亩的湿地公园、43.3 万平方米的绿化和风雨廊桥、滨江市民广场和 5 座高标准建成城区公厕等项目，极大地改善了人居环境条件。同时，通过对抚河流域盱江段全面实施河道疏浚和清淤工程，有效维护了河道防洪安全和生态安全。

四、国家储备林基地建设"吉安模式"

吉安市是我国南方重点林区，森林资源丰富，森林覆盖率达 67.47%，林地（森林）面积 148 万公顷，活立木蓄积量 8238 万立方米。吉安市国开行贷款国家储备林基地建设项目以全市 33 个国有林场为实施主体，将国有林场近熟林、成熟林、过熟林等优质资产注入融资平台"吉安市绿庐陵林业投资有限公司"，并由其向国家开发银行贷款 67 亿元，通过新造林、现有林改培、森林抚育、林道建设等多途径，规划建设国家储备林基地 240 万亩，项目总投资 83.91 亿元。

（一）具体做法

一是创新模式引活水。一是全国首创市场化融资模式。充分发挥有限的财政资金撬动效应，将林权抵押作为融资基本方式，采用"足额商品林林权抵押担保+市级风险准备金+项目林权排他性承诺+林权保险"的林权抵押贷款融资模式，加快国储林项目建设。二是因林施策建设特色基地。主要采用五种模式建设特色国储林基地，即"杉木新造""湿地松新造"模式培育速生丰产用材林；"珍贵树种新造"培育珍贵用材树种资源；"杉木+珍贵树种新造"培育针阔混交林；"现有杉木林间伐后套种珍贵树种"培育异龄复层混交林；"现有林改培""中幼林抚育"模式培育大径级用材林，着力提高林地综合效益。三是多措并举打造森林景观。着重在昌吉赣高铁沿线、主要高速公路沿线、赣江森林岸线、井冈山等重要风景名胜区周边，通过采取人工新造、景观塑造、抚育改培等技术措施，实施森林绿化美化彩化珍贵化建设[6]。

二是创新管理提质量。一是科学采伐提升森林质量。在杉木林主伐山场进行更新造林时，对林分中阔叶乔木不予进行采伐设计，进行采伐作业和更新造林时严格监督施工方保留阔叶乔木树种，并创造更好的生长条件，使其正常生长发育。二是推广不炼山造林保护生物多样性。推广等高线耙带式造林整地，先将造林地内的杂灌及藤类进行砍除，沿等高线确定种植带宽度与带间宽度，再采取耙带堆积的方式，将种植带内的杂灌堆放到种植带间，然后在种植带内开展整地，有效维护了生物多样性。三是推行专业队造林提质量。出台了《关于推进吉安市国家储备林造林专业合作队建设的实施意见》。

三是创新科技强支撑。一是突出良种壮苗造林。严格审查良种来源，提高林木遗传增益，保证种苗质量；提前做好种苗供需分析，加强对现有良种繁育基地扩建或提升建设；加强种苗供应管理，实行"两证、三定"管理办法，确保苗木成活率。二是突出全程效益监测。与国家卫星中心共同研究开发森林资源监测系统，出台了《吉安市国储林项目管理考核办法》，全方位监测项目投资、建设进度、建设质量等方面，强化对国储林项目建设考核评定，确保项目保质保量完成。三是突出科技培训实效。充分利用国内外科研院所科技资源优势，聘请省内外专家深入一线传授新技术、新方法，确保项目质量走在全国前列。

（二）取得成效

国开行贷款国家储备林基地建设，是吉安市"山定权、树定根、人定心"林业改革的一次金融创新，更是唤醒"沉睡"绿色资源、打通"绿水青山"向"金山银山"双向转换通道的重要手段。

一是项目进展顺利。截至目前，全市已完成第一期长贷合同签订，贷款额度为12.98亿元，发放贷款5.4亿元。全市已完成总投资19.88亿元，建设国家储备林基地突破75万亩，已建设国家储备林项目高标准示范基地123个，面积达2.8万亩，营造林建设成效显著。

二是生态效益显著。按照"全景吉安、全局旅游"战略布局，各项目县（市）结合森林旅游，栽植榉树、楠木、枫香、北美橡树等珍贵树种、彩叶树种200万株，建设面积共计4万亩，加快推动吉安森林由"绿"向"美"转变。

三是减贫成效明显。项目实施以来，全市共实现国储林建设项目场外联营造林65480亩，选聘低收入户护林员271人，发放管护工资253.9万元，1615名低收入户在项目中就业，低收入户在联营中可实现分成收入超过4700万元。

第六节　以制度改革保障生态产品价值实现

一、靖安县打造"绿水青山就是金山银山"实践创新样板

近年来，靖安县把生态文明贯穿经济社会发展的全过程、全领域。2018年5月，在全国生态环境环保大会上，习近平总书记肯定了靖安县"一产利用生态、二产服从生态、三产保护生态"的发展模式；2018年6月在全省生态环境保护大会上，刘奇同志要求全省学习借鉴靖安模式，易炼红高度肯定"有一种生活叫靖安"。

（一）主要做法

（1）发展思路明确。靖安县根据经济社会发展形势，充分结合县情实际，逐步确立了自身的发展思路，可以概括为"五个一"，即：

一是走好一条发展道路。按照"两山"的思想，坚定不移走生态保护与发展绿色经济共赢之路，着力实现"生态美"和"百姓富"有机结合。

二是打造一个形象定位。提出了"水木清华、禅韵靖安"形象定位。唐宋八大家之一的曾巩游历靖安时，曾盛赞靖安"虽为千家县，正在清华间"。靖安又是禅宗祖庭，"水木清华、禅韵靖安"描绘了一幅生态与人文有机结合的生动画卷。

三是践行一个发展理念。全面践行"以'河'为贵，以'树'为荣，以'旅'为先，以'得'为本，以'城'为美，以'俭'为宝"理念，推行"河长制"，保护母亲河点；当好"树保姆"，保护3000多棵珍稀古树；优先发展旅游产业，争创国家AAAAA景区、国家级生态旅游示范区、国家级全域旅游示范区；帮扶企业发展，政府得财力，群众得实惠；加快新老城区改造升级，打造县

城"第一景区"；倡导节俭持家传统，引导绿色低碳出行，营造风清气正政治生态和文明健康社会氛围。

四是落实一个发展方针。就是落实"呵护绿心、领跑昌铜、融入省会、和美靖安"十六字方针。"呵护绿心"：时任省委书记鹿心社同志称赞靖安是长江中下游生态屏障的"绿心"，靖安将不断加大保护力度，呵护好这颗"绿心"。"领跑昌铜"：积极主动先行先试，扎实推进昌铜高速生态经济带建设。"融入省会"：紧紧围绕靠近省会的优势，按照"昌铜桥头堡、省会后花园"的定位，致力成为省会的居住区、旅游区、有机农产品供应区、养生养老区、运动休闲区。"和美靖安"：加大民生工程力度，维护社会和谐稳定，不断增进民生福祉。

五是实现一个奋斗目标。靖安将着力构建一个现代化生态经济产业体系，着力促进民生福祉、重大基础设施支撑两个提升，建设"生态文明示范区、美丽中国样板县"，努力打造"绿水青山就是金山银山"实践创新全省典范、全国示范。

（2）强化环境保护体系建设。科学精准划定生态保护红线，永久基本农田划定面积14.84万亩，为构建长江中游城市群生态安全屏障、保障靖安经济社会可持续发展奠定坚实基础。全面建成环保在线监控平台、县城环境空气自动监测站，获得水、气、噪声三类37个项目监测资质[7]。完善靖安"生态云"大数据平台建设，建立生态环境质量趋势分析和预警机制。

（3）深入实施"净水、净空、净土"三大工程。坚持以"河"为贵理念，率先启动城乡生活污水处理工程，率先开展饮用水源地环境整治，率先启动"河长制"工作，集镇生活污水处理率达85%以上，做到"污水不入河"。坚持以"树"为荣理念，稳步推进全国森林可持续经营试点，全面推行"树保姆"管护模式，实施了矿山生态修复工程，扎实开展环保"零点行动"，建筑工地标准化管理达80%，关停木竹加工企业200多家，主动将木材砍伐10万立方米，打好蓝天保卫战，做到"黄土不见天"。在全省率先实施了城乡垃圾一体化处理工程，实现全县垃圾无害化处理，城镇生活垃圾无害化处理率为100%，做到"垃圾不落地"。致力使良好生态环境成为最普惠的民生福祉。

（4）大力开展城乡环境综合整治。坚持点、线、面协同推进，取得初步成效。点，即重点整治县城环境。将县城划分为九大网格，县领导为网格负责人，做到每天一通报、每周一汇总，网格干部放弃休息时间上门入户。线，即通过实施河长制、路长制，打造水陆两条最美连接线。靖安的"河长制"模式已成为全省标杆，在全国推广，是河湖管护体制机制创新的成功典范。面，即连片打造整洁舒适的乡村环境。已完成新农村建设点 100 个，正在推进 10 个精美村庄建设，启动了 5 个特色小镇建设，正在全面推进"七改三网"建设。

（5）大力构建生态发展体系。按照"经济绿色化"的理念，所有项目围绕生态找定位，着力构建了"一产助推旅游、二产服从生态、三产激活全局"的"三产互动"生态经济产业结构。

一产利用生态。立足生态禀赋和特色产业基础优势，加快点状有机向全域有机发展，扎实推进质量监控、质量检测、质量追溯、品尝体验"四大体系"建设，全县 62 个农产品获得"三品"认证，认证面积 17.1 万亩，建成了百香谷农旅医养大健康产业园，被评为国家有机产品认证示范创建区，全省绿色有机农产品示范县。加速促进农旅深度融合，致力把空心村变为文化创意村，把茶园、果园变为采摘园、观光园，把农产品提升为休闲食品、旅游商品，目前全县有休闲农业企业 145 家，精品民宿 20 多家，被评为全国休闲农业与乡村旅游示范县。

二产服从生态。坚定不移走符合靖安发展的低碳经济之路，对不符合国家产业政策、有环境污染的项目坚决不予审批，已累计谢绝投资总额 80 多亿元的高耗能高污染项目 50 多个，被评为"全省绿色低碳工业示范县"和"绿色低碳转型试点县"。江钨合金荣获全省"优强企业"专项奖，杰浩工具、合力照明、南特集团通过国家高新技术企业认定，超维新能源在"新三板"成功上市。总投资 52 亿元的洪屏电站一期全面投产发电，中天万和九犁风电项目正式开工，全县规上企业达到 64 家。

三产保护生态。围绕"一个抓手""两篇文章""三类项目"，纵深推进全域旅游，被评为全国首批全域旅游示范区创建单位、全省旅游强县、全省旅游产业发展先进县、全市旅游产业发展综合先进县等称号。"一个抓手"，就是全力创建国家 AAAAA 级旅游景区。"动静"两篇文章，就是着力打造禅修祈福圣地、户外运动天堂。引进"三类项目"，就是引进康疗养生、特色小镇、文创基地三类项目。

（6）创新生态文明制度体系。围绕国家生态文明试验区确定的五大制度体系以及四大改革任务，扎实推进各项改革工作，初步形成了一批制度成果。一是"生态云"试点深入推进。建成全省首朵"生态云"，基本形成了生态环境大数据的智能化管理，实时展示生态文明建设成果、对生态环境在线监测预警、推动"互联网+"新业态发展、创新社会管理新模式，打造以生态为主的智慧城市。二是在河湖管护机制上探索创新。2018 年，靖安生态文明建设和"河长制"首次写入《中国改革年鉴》，靖安生态文明体制改革还入选"改革开放 40 周年地方创新 40 案例"入围名单。在管护主体、管护手段、管护制度、管护行动、管护成效等重点环节，大胆创新，先行先试，逐步探索出了一条打造河长制"升级版"的新路径。三是农村环境治理试点有序开展。开展政府购买服务试点，将水口乡厨余垃圾处理项目打包进行了市场化运作；推进生活垃圾分类与减量工作，设立垃圾分类管理中心，制订 3 个实施方案，将率先启动 3 个小区、3 条示范线路和 2 个单位示范工作；使国省干线"路长制"全面启动，开展国省干线环境治理工作，"国省干线"工作合格率达 80% 以上，形成了"车在路上行、人在景中游"路域治理格局。

（7）强化生态保护责任网。用最严格制度、最严密法治保护生态环境，加快制度创新，强化制度执行，让制度成为刚性的约束和不可触碰的高压线。一是实行最严格的源头保护制度。划定生态保护红线，坚定不移实施主体功能区制度、建立空间规划体系，从源头预防，构建科学合理的城市化格局。编制了《靖安县国家重点生态功能区产业准入负面清单》《靖安县建设项目环境保护负面清单》，对产业项目实行一"单"否决。划定永久基本农田划定，划定面积 148400 亩，占全县耕地总面积的 84.5%。二是实行最严格的监管制度。建立以改善环境质量为导向，监管统一、执法严明、多方参与的环境治理体系。开展环保"零点行动"，2013 年以来共开展环保"零点行动"执法检查 31 次，共出动执法人员 520 余人次，检查企业 110 余家次。开展生态检察。紧盯生态环境监管职能中容易发生滥用职权、失职渎职等重点领域，2015 年以来，检察院共批捕生态领域案件 14 件 27 人，起诉 28 件 69 人，挽回经济损失 500 余万元。打造"互联网+森林公安"新模式，森林刑事案件侦破和林政案件查处力度实现新突破，评为中国智慧林业最佳实践 50 强。

（8）倡导绿色生态生活方式。一是培育文化理念。在全县开展了"存好心、说好话、做好事"三好靖安人，举办了"最美靖安人""最美共产党员"和"十大孝子"等评选活动，在全县营造学典型、争先进的良好氛围。二是开展生态宣传。高度重视生态文化宣传，积极提倡绿色低碳出行，倡导群众进行自行车骑行、户外运动、足球、太极拳、气排球等健康运动，举办了多次环鄱阳湖国际自行车赛、宝峰孝文化庙会、"小手牵大手"、"环保志愿者靖安行"、"清河行动"等一系列生态文化主题活动，有效增强了全民节约意识、环保意识、生态意识，进一步提升了靖安人的生态文明的归属感和荣誉感。

（二）取得成效

依托优越的自然环境条件，大力发展生态经济、弘扬生态文明，建设"美丽靖安"，生态文明建设先行探索取得了成效，获得了众多荣誉。拥有九岭山国家级自然保护区、三爪仑国家森林公园等国家级品牌，被列入全国生态文明示范工程试点县、全国河湖管护体制机制创新试点县、首批全国森林可持续经营试点县、全国首批农村生活垃圾分类和资源化利用示范县，获评了全省首个国家级生态县、全国休闲农业和乡村旅游示范县，全国绿色农业示范区、全省绿色低碳转型试点县、全省生态文明先行示范县、全省生态文明十佳示范县等一系列金字招牌，实现了国家级生态乡镇全覆盖，是第一批国家生态文明建设示范县和全省首个全国"绿水青山就是金山银山"实践创新基地。"生态云"平台入选全省第二批生态文明示范基地。

2018 年全县生产总值 50.78 亿元，增长 8.1%；城镇居民人均可支配收入 30000 元，增长 8.47%；农村居民人均可支配收入 14380 元，增长 9.55%。全县接待游客和综合收入分别增长 20.1% 和 21.3%，全力推动县城旅游集散中心、宝峰游客中心、休闲服务节点等 13 项基础设施项目基本完成建设，生态已成为靖安最大的优势、最大的财富、最大的品牌。靖安将把习近平总书记肯定靖安内化为巨大前进动力，坚定走生态保护与经济发展共赢之路，坚持"六以"工作理念，围绕"一产利用生态、二产服从生态、三产保护生态"的发展模式，高标准打造"两山"实践创新基地，深度融入大南昌，产业承载高精尖，抢占发展最高点，高质量建设最美县域，赋予"有一种生活叫靖安"更多更实内涵，以生态文明建设"中国看江西、江西看靖安"的标高，把生态文明建设融入经济社会发展全过程、全领域，持续推进美丽中国江西样板的靖安行动，为生态文明建设贡献靖安智慧。

二、安福县生态产业化　产业生态化

安福县抓住列入江西省首批生态文明先行示范县的契机，提出了"在生态文明试验区建设上做样板"的发展目标，坚持以绿色发展为引领，以深化改革为动力，把"生态+"理念融入经济发展全过程，紧扣富有安福特色的"樟、竹、杉、柚、茶"，推动特色生态资源全产业链融合发展，积极推进生态产品价值实现价值改革，探索出一条生态资源有效转化为经济价值和民生福祉的绿色发展路径。

（一）改革背景

作为习近平生态文明思想的重要内涵，"绿水青山就是金山银山"的绿色发展观，不仅在于理论认知，更在于实践行动。坚持绿色发展是发展观的一场深刻革命，我国经济已由高速增长阶段转向高质量发展阶段，必须推动经济发展质量变革、效率变革、动力变革。落实到县域发展，特别是对一些资源型经济为主导的县域而言，关键在于如何规划资源型经济走向生态型经济的绿色发展路径，并创新相应的体制机制。

安福县地处江西省吉安市西部，自古被誉为"赣中福地"，矿产资源和生态资源都极为丰富。进入新时代以来，安福县域经济发展面临着巨大的困局，即资源型经济急剧下跌与生态型经济动能不足的结构性矛盾。安福县资源型经济急剧下跌，既是经济发展的规律使然，也有企业发展的自身内因；既有政策性重大调整，也有发展升级的必然，是外部环境和内部因素综合作用所致。一是经济发展规律使然。受市场环境等制约，经济发展具有周期性和政策性，所谓稳定是相对的，相对于特定的县情和发展阶段。传统县域经济最具比较优势的无疑是资源，包括丰富的自然资源和廉价而充足的劳动力资源，过于简单化的依赖资源增长必然导致产业经济的停滞不前。2015年铁精粉价格降至730元/吨，煤价格降至380元/吨，水泥降至300元/吨左右，价格下降，铁矿、煤矿等行业企业基本没有利润，且市场竞争激烈，导致大部分企业产能下降，用电量下降。全县前20户用电大户有13户属于铁矿、煤矿、水泥等资源型企业，用电大户用电量下降直接影响全县工业用电量的增长，当年的工业总产值增长也放缓。二是改革政策影响所致。随着国家一系列改革政策的实施，特别是供给侧结构性改革，给粗放型的资源型经济发展带来了巨大冲击。安福县列入去产能计划的15家煤矿全部实施了关闭退出，提前两年完成省、市下达的"十三五"化解煤炭过剩产能总目标任务，全县共化解66万吨过剩产能。但这种断崖式下降，也造成经济增长缓慢、财政断奶等特殊时期现象。三是绿色转型发展要求。受供求关系、价值规律的调节，相对于生态环境和自然资源来说，资源型经济往往会产生出一种盲目、无序的状态，这从客观上加剧了对生态环境的破坏、污染以及对自然资源的过度消耗。唯有坚持绿色强县、生态惠民，探索推进生态产品价值实现机制改革，推动形成绿色发展方式和生活方式，才是经济转型发展之正道。

为加快构建绿色产业体系，努力把生态优势转化为经济优势，把绿水青山变成金山银山，作为国家生态文明建设试验区和重点生态功能区，每年投入到生态文明建设的财力、人力都非常可观，那么生态环境保护的产出到底是什么，如何从"绿水青山"真正建设成为"金山银山"，积极探索生态资源价值转化路径，全力推进生态产业化、产业生态化，实现生态资源—生态产品—生态产业—经济价值—民生福祉的良性循环，形成"绿水青山就是金山银山"的安福示范是安福县生态文明试验区建设的重要任务。

（二）主要做法及成效

一是健全所有权权能结构，实现自然资源价值资产化。安福县从编制自然资源资产负债表入手，全面开展生态资产确权、生态产品价值计量等试点。①核算自然资源资产。作为全省首批自然资源负债表编制试点县，安福县坚持目标导向，破解资料收集、数据衔接、质量控制、数据管理等难题，深化水、土地、森林、矿产等主要自然资源资产核算，建成县级自然资源资产数据中心，并将核算单位延伸到乡镇、村组，编制完成 2013~2016 年自然资源资产负债表，2017 年自然资源资产负债表正在完善，2018 年各部门正在收集相关数据。②确权自然资源资产。以不动产统一登记为基础，整合分散在国土、农业、水利、林业等部门职责，制定自然资源资产确权登记试点办法，建立不动产统一登记制度，全面推进土地、水域、森林、矿产等重要资源资产产权确权登记工作，逐步建立全县自然资源资产产权制度。同时，制定产权主体权力清单，清晰界定各类自然资源资产的产权主体权利，建立健全归属清晰、权责明确、监管有效的自然资源资产管理体制，依托公共资源交易平台开展自然资源资产交易。③估价自然资源资产。根据自然资源资产负债表数据，采用国内具有代表性的测算方法，聘请专业机构进行自然资源资产价值化。

二是健全市场公平交易机制，实现自然资源资产市场化。安福县从建立生态流域补偿机制入手，探索启动生态权益交易、生态资产融资等试点。

（1）建立生态补偿制度。该县制定出台重点流域生态办法，对泸水河、陈山河、同江河等重点流域进行生态补偿，建立权责利相一致的生态补偿长效机制。

（2）开展排污权有偿使用。安福县以污染物排放总量控制为前提，探索生态产品价格形成机制，调整县城居民阶梯水价，提高污水处理费标准，建立城乡垃圾处理收费机制。探索建立碳排放交易市场体系，落实碳排放交易制度，探索林业碳汇等交易模式。探索建立用能权交易制度，在部分行业开展节能量交易试点，启动用能权有偿使用和交易试点。

（3）探索自然资源资产抵押贷款。积极推进县域金融改革创新试点，深化政银企合作，引导财园信贷通、中小企业担保中心、小微企业融资服务中心以及各银行等加大对生态产业融资贷款，支持和鼓励金融机构开发符合生态产业和项目特点的绿色金融产品，积极为符合生态产业的重点企业、关键项目打造具有创新性、针对性的金融产品和服务。建立环境权益交易市场机制，依托公共资源交易平台，推动环境权益统一交易、信息共享，探索建立以自然资源资产为抵押物的贷款模式，针对产权主体进行银行授信，通过金融形式使自然资源资产货币化并进入市场流转。

三是完善绿色产业发展机制，实现发展动能生态化。安福县按照产业生态化和生态产业化的思路，紧扣富有安福特色的"樟竹杉柚茶"，大力推进生态与产业深度融合，走生态优先、绿色发展之路，打通绿水青山就是金山银山的转化通道，让绿水青山产生应有的生态效益、经济效益、社会效益。

（1）加快推进产业生态化。按照"绿色低碳循环"发展要求，将"生态+"理念融入经济发展全过程，加快产业结构调整，促进产业绿色化发展。在绿色生态产业上做"加法"，紧紧围绕电子信息等"1+3"主导产业做大做强，坚持新兴产业培育发展与传统产业优化升级并重，加快产业集群层次、技术、效益提升；积极把握电子信息产业转移机遇，主动对接京九电子信息产业带，着力招大引强、扶优扶强，实现首位产业快速集群发展，推进锂电产业、先进装备制造等主动产业升级，加快形成完备产业链。

在落后产能上做"减法"，坚决淘汰落后和过剩产能，先后关闭煤矿14座，煤炭去产能66万吨，开展省级园区循环化改造试点，加大技术改造力度，引进新技术、新业态、新模式，加快清洁化生产、循环化改造、资源综合化利用，早日实现优化升级、提质增效；加大开发区改革创新力度，坚持"以亩均论英雄"，全面提高园区投入产出率、资源利用率和土地开发强度，提升园区集约集聚发展水平。

（2）加快推进生态产业化。就是按照产业化规律推动生态建设、提供生态产品，推动生态要素向生产要素、生态财富向物质财富转变。立足农业资源优势，发挥该县耕地、林地、水面资源丰富，深入开展绿色生态农业十大行动，统筹推进井冈蜜柚等八大富民产业发展，大力发展绿色现代产业。立足安福生态秀美、风景独好，挖掘各类旅游资源，推动绿色、古色、红色文化深度融合，完善羊狮慕、武功山景区配套设施，加快羊狮慕康养特色小镇、章庄"兔子的老家"、浒坑龙水山康养小镇等建设，着力构建"龙头引领、核心集聚、多点支撑、区块互动"的全域旅游新格局。

立足该县森林覆盖率高，拥有纯净的空气、水和无污染土地的生态优势，积极探索生态为先基础上的大健康产业低碳经济模式，推进严田神元大健康产业园、武功山研学基地建设，加快形成集健康旅游、中药材种植、中医药及保健品、绿色有机食品、健康养老为一体的，横跨三产的大健康产业发展体系。

（3）推进特色生态产品全产业链融合发展。强化市场导向的樟树产品研发和生产，开发樟树工艺品、樟木家具、天然冰片、樟树精油保健品等樟树产品，加快樟乡天然冰片项目建设，发展香精香料、樟木制品，积极建设樟科植物种质基因库基地及科技示范园。依托固欧家居等现有竹木加工企业，培育和引进以毛竹为原料的高附加值工业企业，通过高品质、高附加值的工业经济效益，促进毛竹种植和毛竹低改，形成毛竹的全产业链融合发展机制。

培育和发展以陈山红心杉为原料的木加工产品，开发可购买、可带走的红心杉产品，促进陈山红心杉的种植规模扩大。培育和发展菜籽油、山茶油工业企业和相关食品生产企业，开发具有安福特色的油产品和食品，带动高产油菜、油茶的种植以及低产油茶林改造，并结合旅游线路的观光带建设，形成具有旅游观赏价值的"百里金花长廊"。

四是健全绿色发展责任追究体系，实现生态责任制度化。安福县以完善国土空间开发和管控制度为抓手，加快体制创新、制度供给和模式探索，坚持"源头严控""过程严管""后果严惩"机制，建立健全生态责任制度化。

（1）立足"源头严控"，强化健全防范体系。编制《生态文明建设总体规划（2018~2030年）》《水土保持规划》等规划，从严管控城镇开发边界，58.35万亩永久基本农田纳入国土资源遥感监测"一张图"和综合监管平台，启用永久基本农田划定成果开展建设用地报批审查，全面启动生态保护红线、环境质量底线、资源利用上线和环境准入负面清单"三线一单"的编制工作，划定了生态保护红线管控区，生态红线管控区面积973.42平方千米，占国土面积的32.4%。

（2）立足"过程严管"，强化全过程监管。建立全域生态保护常态化治理机制，在全省率先成立城乡管理行政执法局，建立了生态文明建设和环境保护目标考核机制，实施流域修复、森林质量提升等工程，严格执行环保准入制度，整治城乡环境，把控污染面源，淘汰污染产能，实行产业准入"负面清单"管理，6门类24大类34中类36小类。编制完成畜禽养殖"三区"规划，全面完成生猪关停退养，关停养殖场443户、退养生猪86114头，兑现栏舍拆除奖补3148.5万元，并在全市率先启动生猪生态养殖小区建设，生态环境优势持续巩固。

（3）立足"后果严惩"，强化考核评价"指挥棒"作用。加大乡镇生态文明建设和生态环境保护考核比重，在全省率先开展自然资源资产负债表编制，出台了党政领导干部自然资源资产离任审计、生态环境损害责任追究、重点流域生态补偿等办法，完成赤谷、浒坑2个乡镇自然资源资产离任审计试点，将自然资源资产离任审计结果作为领导干部考核、任免、奖惩的重要宜居，进一步强化自然资源资产离任审计结果运用。持续开展生态检察工作，不断加快生态环境保护法治化进程，筑牢生态法治"绿盾"。严格执行生态环境保护"一票否决、党政同责，一岗双责、终身追责"制度，建立生态环境损害分级制，确定各类生态环境损害的分级调查权限，实现精准追责；对领导干部离任后出现重大生态环境损害并认定其需要承担责任的，实行终身追责。

（三）几点启示

安福县探索生态产品价值实现机制改革，注重发挥生态优势，创新绿色发展机制，通过变生态资源为资产、变生态资产为产品、变生态产品为产业、变生态责任为制度，为县域经济绿色转型发展探索了路径、积累了经验。

一是严防源头，推行全域生态保护长效机制。从生态保护源头入手，推进"三个三"工程，对污染实施严防。①全面实施最美樟乡三年行动计划。出台"最美樟乡"建设三年行动计划、天然林保护工作实施方案，全面停伐天然林，大力推进植树造林，发展樟产业群，挖掘"樟文化"，打造"秀丽樟乡"特色旅游观光带，被国家林学会认定为"中国樟树之乡"。②全面推行"三长"制度。推行"河长制"，把河道当街道管理，把库区当景区保护，打造"河畅、库美、水清、岸绿"的绿色生态水系；推行"路长制"，将全县公路主次干道及沿线街道和村庄作为环境综合治理重点，解决公路及周边环境"脏乱差"等问题，让公路沿线处处彰显绿色生态魅力韵味；推行"网格长制"，以社区为单位划分网格，实施精细化城市管理，推动城市绿色发展方式的转变，打造宜居宜业宜游的美丽环境。③牢牢守住三条红线。守住生态保护红线，编制完成《生态文明建设总体规划（2016~2030年）》，纳入生态红线范围面积973.42平方千米，占国土面积的32.4%。守住水资源红线，出台水资源管理制度，严格落实用水总量控制、用水效率控制、水功能区限制纳污控制。守住耕地红线，全面完成永久基本农田划定工作，实施耕地保护责任目标考核。

二是严控全程，构建全域生态治理常态机制。提高市场准入门槛，强化排放主体责任，严格执行环保准入制度，建立全域生态保护常态化治理机制。①整治城乡环境。实施"十项专项整治行动""两大攻坚战"，重点打造"一城三带一片"城乡市容环境整治示范区。在全省率先成立了城乡管理行政执法局，全面治理城乡垃圾乱倒乱扔、车辆乱停乱放等"十乱"问题，形成了城乡环境整治常态化、全域性覆盖工作格局。②把控污染面源。出台畜禽养殖"三区"规划，对养殖区域进行地理标注，基本完成禁养区养殖户和限养区、可养区规模以下生猪养殖退养，启动实施生猪生态养殖小区建设。全面推进水稻测土配方施肥和绿色防控技术，减少化肥和农药使用量，常态化推进农业面源污染综合防治。③淘汰污染产能。出台国家重点生态功能区产业准入负面清单，6门类24大类34中类36小类产业列入准入负面清单。实施项目环保准入机制，严禁招引重金属和化工企业、铅酸电池厂等重污染企业。严格落实煤炭减产能政策，对全县小煤矿实施关闭退出计划，对证照不全厂矿实施停产整改。

三是严选产业，创新全域生态绿色发展机制。坚持绿色发展、绿色惠民，突出工业循环化、农业绿色化、服务业健康化，着力将生态优势转化为发展优势，为经济社会健康发展注入持续强劲动力。①工业生态循环化。优先选择电子信息、先进装备制造和绿色食品、新能源新材料"1+3"主导产业，倾力打造生态型"智能光谷"。特别是以省工业园区循环化改造试点为着力点，立足怡兴环保、超威日化等龙头企业，全面实施资源循环综合利用项目，推动工业生态循环化生产。②农业生态绿色化。出台富民产业发展意见，大力发展井冈蜜柚、优质烤烟、高产油茶、龙脑樟、有机蔬菜、绿色水稻、特色中药材和特色竹木八大绿色生态富民产业，推动传统农业向生态绿色化转型。③服务业生态健康化。主攻旅游业发展和"1+5"大健康产业体系，大力推动以羊狮慕景区、武功山温泉为龙头的全域化、健康化旅游产业发展。结合美丽乡村建设，深入挖掘"红、绿、古"资源，培育乡村旅游、民宿经济等新业态。④生态扶贫长效化。引导贫困户与龙头企业、农民合作社进行对接，大吃"生态饭"，着力实现脱贫攻坚由"输血型"到"造血型"转变，推进生态扶贫常态长效。

四是严格奖惩，完善全域生态责任落实机制。建立以生态文明建设严格考核为重心的责任落实与工作激励机制，发挥好考核指挥棒作用，加大生态领域考评权重，完善激励保障机制，力促生态优先发展。加大考核权重。提高生态文明建设指标占全县科学发展综合考核评价分值权重，乡镇综合目标考评中涉及生态文明工作权重达36%，并将考核结果作为各类评优创先的重要依据。严格问责追查。出台党政领导干部自然资源资产离任审计实施办法、生态环境损害责任追究细则（试行），实行党委和政府领导成员生态文明建设一岗双责制，建立生态环境损害分级制度，对重大生态环境损害需要承担责任的，实行终身问责追责。鼓励改革创新。制定鼓励干事创业试行容错纠错减责免责实施办法，强化正向激励，建立容错纠错机制，在生态文明建设改革中营造支持改革、鼓励创新，允许试错、宽容失误的良好环境，激励党员干部放下包袱、打消顾虑，敢于担当、依法作为。

三、农村土地制度改革三项试点的"余江模式"

2015 年 3 月，余江被列为全国农村土地制度改革三项试点区。三年多来，余江取得了突破性成效，构建了一套符合实际、切实可行的农村土地管理制度体系，探索出一条完善乡村治理、强化基层建设、提升执政能力、统筹城乡发展的新路子，总结出可复制、能推广、利修法、惠群众的改革试点经验，形成"余江模式"。

（一）改革背景

按照《中共中央关于全面深化改革若干重大问题的决定》有关要求，中共中央办公厅国务院办公厅制定了《关于农村土地征收、集体经营性建设用地入市、宅基地制度改革试点工作意见》，国土资源部制定了《农村宅基地制度改革试点实施细则》，全国人大常委会授权允许试点地区在试点期间暂停执行相关法律条款。2015 年 3 月，余江被列为全国农村宅基地制度改革试点县，2016 年 9 月，统筹开展农村宅基地、集体经营性建设用地入市、土地征收制度改革三项试点，试点的主要目标是健全程序规范、补偿合理、保障多元的征收制度，同权同价、流转顺畅、收益共享的入市制度，依法公平取得、节约集约使用、自愿有偿退出的宅基地制度。探索形成可复制、可推广的改革成果，为科学立法和修改完善相关法律法规提供支撑。

3 年多来，余江始终坚持以人民为中心的发展理念，坚守改革底线，大胆探索创新，大力弘扬血防精神，紧紧依靠群众，发动群众、组织群众，强化改革的系统性、整体性、协同性，积极推进三项试点全面覆盖、深度融合，取得了突破性成效，构建了一套符合实际、切实可行的农村土地管理制度体系，探索出一条完善乡村治理、强化基层建设、提升执政能力、统筹城乡发展的新路子。21 位部省领导先后调研视察，给予了充分肯定，指出余江县宅基地制度改革试点走在全国前列，创造了经验，发挥了引领示范作用。《人民日报》、中央电视台、《自然资源报》、新华社等 20 多家中央、省市主流媒体先后进行了宣传报道，全国已有 340 余次 3700 多人来县学习考察。

（二）主要做法

余江始终坚持"县委领导、国土指导、乡镇统筹、村级实施、理会主导、群众主体"工作主线，按照"集体性质、村为基础，户有所居、取退有偿，严格规划、坚持标准，只做减法、不做加法，公平公正、利国利民"的工作要求，凝聚全县智慧，集中全县力量，做到既守牢底线，又大胆作为，既行动迅速，又蹄急步稳。

（1）"全口径"开展宅基地制度改革试点。

一是坚持导向守底线。坚持问题导向，深入剖析农村宅基地一户多宅多、房屋面积大、空心化严重、布局朝向杂、违法建房多、私下买卖乱的主要问题，为制度设计奠定基础。坚持"盘活存量、规范增量、保障权益、扩大权能"目标导向，牢牢坚守底线，确保了社会和谐稳定。

二是夯实基层打基础。在全县 1040 个自然村建立完善了村民事务理事会，充分发挥村民自治作用，做到集体研究、集体讨论、集体决策。编制完成全县 116 个行政村总体规划和 1040 个自然村村庄规划。完成了全县 92350 宗农村宅基地地籍测量，开展了"房地一体"的农房权属调查，发放 116 户不动产权证书。

三是宣传发动凝共识。采取微信、微电影、电视、报纸、专家辅导会、集中培训会等多种形式广泛宣传，做到家喻户晓、妇孺皆知，凝聚全县人民共识。实行包村负责制，吃住在村组，形成了四套班子齐上阵、县乡村组抓落实、村民自治促改革的工作局面。

四是封闭培训定制度。组织镇村干部、理事会成员封闭培训，集中酝酿，积极调动党员代表、群众代表、乡贤代表参与制度设计和改革实践，县、乡、村组分别制定了 22 项、11 项和 9 项宅基地管理制度，在实践中形成了 13 项集体经营性建设用地入市和土地征收制度。建立健全的改革制度，真正做到"上通天线、下接地气"。

五是审慎稳妥分步走。有序推进试点，第一批选择 41 个自然村先行先试，探索方法；第二批选择 20 个行政村整村推进，完善制度；第三批在 96 个行政村的 50% 自然村推进改革，构建成熟制度机制；第四批实现自然村全覆盖，进而全面总结完善，形成改革实践成果。

六是公平公正精施策。坚持公平公正公开，党员干部、村民理事带头拆除超占面积，带头退出多余宅基地，引导带领群众积极支持、踊跃参与，由"要我改"变为"我要改"。建立乡贤理事会，引导鼓励为改革试点出资、出智、出力，注入了更多正能量。

七是上下联动控违建。完善建房审批、监管、巡查、问责机制，落实和强化理事会在宅基地管理中的主体地位，严把建房的"七道关口"，强化批前、批中、批后监督，落实了建房"四公开、四到场"等制度，确保了违章建房"发现在初始、解决在萌芽"，形成了"党委领导、政府负责、部门协同、上下联动"的宅基地管理新格局。

八是统筹协调强投入。紧密结合"一改促六化"工作，即以农村土地制度改革为统领，全面推进农业发展现代化、基础设施标准化、公共服务均等化、村庄面貌亮丽化、转移人口市民化、农村治理规范化。加强了与土地整治、农业产业化发展等重点工作和农村集体产权、户籍等改革相衔接。

九是高位推动勤指导。市委、市政府高度重视，率先在全市全面推广宅基地管理试点。全国宅基地制度改革集中调研会、全省农村宅基地管理工作现场会、全省"建设美丽乡村、打造'一改促六化'余江样板"工作现场推进会、全市农村宅基地管理试点工作现场会暨动员部署会先后在余江圆满召开，有力地促进改革进展。县委县政府先后召开了11次四级干部会，实行了县级领导挂点乡镇、县直单位帮扶村组、乡镇领导包干村组、县宅改办挂乡包村、工作组驻村包组负责制，开展了系列评先评优活动，做到每日一汇报、每周一调度、每旬一督查、每月一排名。

（2）"求突破"推进集体经营性建设用地入市试点。以市场需求为导向，找准"入市"项目，打通"入市"路径，增加农民财产性收入，实现"同权同价、流转顺畅、收益共享"的改革目标。

一是积极探索多元入市主体。在制度设计上，分别明确属乡镇、行政村、村小组集体所有的，由乡镇人民政府、村委会、村小组的村民事务理事会代表集体行使所有权并作为入市实施主体，进一步明确了入市主体，提高了入市的公信力。

二是丰富多种入市路径。对依法取得、符合规划具备开发建设所需基础设施、环境保护等基本条件的农村集体经营性建设用地可就地入市，零星、分散的集体经营性建设用地，根据土地利用总体规划和土地整治规划，在确保建设用地不增加、耕地数量不减少、质量有提高的前提下，可以在县域范围内调整到一定区域集中入市。

三是建立城乡统一的建设用地市场。制定集体经营性建设用地入市申请、审批、交易、登记发证工作流程，交易统一进入县公共资源交易中心。编制集体土地基准地价，建立了集体经营性建设用地定价体系。引入第三方服务机构，培育了集体经营性建设用地测量、评估等中介机构。制定《余江县农村集体经营性建设用地入市监督管理制度》《余江县农村集体经营性建设用地入市批后监管办法》，建立与国有土地同等的监管体系。基本实现集体土地与国有土地同权同价，形成了城乡统一的建设用地市场。

四是科学制定增值收益分配办法。按照比准价格法测算不同区位、不同用途土地增值收益调节金比例，考虑不同用途、不同区位政府投入的基础设施配套费用，综合确定不同区域工业用地、商服用地收取比例，以此实现不同区位、不同用途土地"入市"收益的大体平衡。通过调节金的调整，兼顾国家、集体、个人合理公平分享土地增值收益。保护了国家利益，壮大了集体经济，增加了农民收入。

五是强化集体经济组织收益分配管理。建立收益分配民主决策机制，集体经济组织在乡镇政府和村两委的指导下，充分征求群众意见，合理制订收益分配方案，经村民会议或村民代表会议通过，将村集体公益金提取、资金使用在本集体经济组织内部进行公示，保障了集体经济组织成员对收益分配、使用的知情权、参与权、监督权，形成了集体经济组织收益分配、使用的长效机制。

（3）"强保障"稳步推进土地征收制度改革试点。坚持集体民主协商，探索缩小征地范围、规范征地程序、维护群众权益的有效路径，确保土地征收程序规范、补偿合理、保障多元。

一是统筹推进，缩小征地范围。按照缩小征地范围的要求，农村集体经营性建设用地入市与土地征收在空间区位上互补。参照《划拨用地目录》和《国有土地上房屋征收与补偿条例》结合实际制定了土地征收目录。明确国防、军事、能源等公共事业、政府性工程，以及土地利用总体规划确定的城镇建设用地，工业园区规划范围内开展的土地成片开发纳入征地范围。除国家、省重点工程外，城镇规划区外经营性用地一律不予征地，利用集体经营性建设用地入市政策解决用地需求，既实现征地范围的缩小，也为集体经营性建设用地提供了入市市场。

二是规范程序，实施阳光征地。建立社会稳定风险评估制度，在征地前充分听取村民意见进行风险评估，划定风险等级，提出化解措施，形成评估报告，作为是否进行土地征收的重要依据。建立民主协商机制、矛盾纠纷调处机制。新建征地管理系统，统一征地程序、征地步骤、文书格式，强化征地信息公开，在县门户网站设置了"征地信息"专栏，主动公开土地征收批准文件、征地告知书、征地公告、征地补偿安置方案公告等方面的内容，增强征地工作的透明度，保障被征地农民的知情权、参与权和监督权。

三是合理补偿，维护农民合法利益。按照征地补偿标准，将委托有资质评估机构对附着物和青苗补偿的评估作为依据，同时制定集体土地上房屋征收与拆迁补偿安置办法。在县城规划区内拆迁农民合法住房实行货币补偿和产权调换两种方式补偿，实行产权调换的必须符合一户一宅。

四是多元保障，落实被征地农民权益。制定一系列保障被征地农民合法权益的制度和办法，保障被征地农民生活水平不降低和长远生计。强化养老保险社会保障。制定了《被征地农民养老保险实施暂行办法》，被征地农民养老保险实行社会统筹与个人账户相结合的办法，纳入现行的城镇职工基本养老保险或城乡居民社会养老保险体系。扶持再就业、再创业。县政府主动搭建平台，主动为被征地农民开展就业、创业培训，推荐被征地农民在园区、用地单位、政府公益性岗位就业。实行留地安置。

（4）积极探索宅基地"三权分置"。制定《余江县开展宅基地"三权分置"的实施方案》，明确了改革路径，确立了村民事务理事会行使集体土地的所有权，赋予了理事会对农村宅基地的收回、分配等权利，强化和落实了宅基地集体所有权。开展了"房地一体"确权登记，对所有宅基地、住宅、附属房等登记造册，保障了农民房屋财产权。形成了《集体经济组织成员资格认定及户的界定办法》《宅基地分配办法》等一套制度体系，落实了宅基地农户资格权。积极放活宅基地和农房使用权，全面掌握了闲置宅基地、闲置农房、流转等情况，充分利用平定乡蓝田宋家村100多间闲置房间，大力发展乡村民宿产业，为血防精神干部学院提供坚强教学保障。利用优美的乡村环境，发展了休闲农业、农家乐、乡村旅游等新产业新业态。

（三）取得成效

围绕改革试点目标，进行了深入探索，初步构建了县、乡、村农村土地制度体系，形成了一批制度性的成果。以宅基地确权登记为基础，保障农民合法权益，以住房分类保障方式，实现农民户有所居，以阶梯式累进制计费模式，促进宅基地有偿使用，以无偿和有偿相结合的退出办法，实现宅基地高效利用，以集体经济组织管理为主导，提升宅基地管理水平。

（1）规范了农村宅基地管理秩序，保障了农民新增建房用地的需求。建房管理得到规范，农民依法用地意识进一步增强，破除了农民土地私有和祖业观念，农民建房重回"面积法定、一户一宅"的公平起点，杜绝了未批先建、少批多建、批东建西现象。全县共退出宅基地32491宗4537亩（单指退出的房屋和附属设施占地面积），释放了大量存量土地，保障了未来15年左右农民建房用地。退出宅基地复垦991亩，312户农民退出宅基地或放弃建房申请进城购房落户，助推了新型城镇化建设。发放农民住房财产权抵押贷款1500万元。

（2）推动了农村环境综合整治，实现了村容村貌向整洁美丽提升。彻底消除了空心化现象，为村庄建设发展腾出了空间，为新农村建设赢得了必不可少的条件。试点村乘势大力实施美化、绿化、亮化工程，新修村内道路478千米，沟渠490千米，新增绿化面积860亩，道路拓宽硬化，沟塘清澈明亮，村村有活动场所，处处有绿化景观。

（3）保障了新产业新业态发展用地，促进了农村一二三产融合发展。加大退出闲置宅基地盘活利用，各地结合实际，大力发展农家乐、休闲农业、乡村旅游、农村淘宝等新产业、新业态，提升了宅基地资产价值，壮大了村集体经济，增加了农民收入，"死资产"变成"活资本"，提升了宅基地资产价值，壮大了村集体经济，促进了农村一二三产融合发展。促进了农事体验、智慧农业、旅游度假、教育培训一体化发展。

（4）锻炼了农村基层干部破解难题能力，提升了乡村治理水平。进一步夯实了基层基础，强化了基层治理，干群心与心贴得更紧，关系越来越密切，基层干部、村民理事能力素质得到提升，凝聚力、战斗力进一步增强。

（5）统筹推进三项试点与农村相关领域改革和重点工作。按照"就地入市促融合，异地入市享红利，统筹布局细安排，整治环境惠群众"的工作原则，建立了协同推进机制，统筹"三农"政策、项目、资金，加强了与土地整治、增减挂钩、地灾防治、精准扶贫、农业产业化发展、古村落（古建筑）保护、新农村建设等重点工作和农村集体产权、户籍、金融等改革相衔接，释放改革最大综合效应，有力促进了农村综合发展，让农民群众享受到改革成果。

四、赣州"会寻安"河权到户改革试点经验

浙江丽水是"绿水青山就是金山银山"理念的重要萌发地和先行实践地，"丽水经验"先后受到习近平总书记点赞和国办通报表扬。为深入贯彻落实习近平生态文明思想，学习借鉴"丽水经验"，践行"两山"理念，2019年以来赣州市围绕打造"丽水模板"赣州模式，以会寻安生态经济区建设为契机，在会昌、寻乌、安远3县探索开展"河权到户"改革试点。将河道管理权赋予行政村，经营权到村到户到人，河道分段或分区域承包给农户，承包者负责河道日常保洁与管理，并通过鱼类观光、农家乐、生态旅游等途径实现溢价收益，实现"以河养河"长效管理。

（一）主要做法

（1）高度重视、精心部署，确保试点有序推进。通过学习调研，健全工作推进机制，强化协调指导，有序推进试点实施。一是学习调研。2019年5月，赣州市生态文明办组织崇义等县赴浙江丽水开展生态产品价值实现机制调研，调研成果转相关市直部门和有关县学习。随后，赣州市水利局组织寻乌等县再赴浙江

丽水、青田等地专题调研学习"河权到户"改革经验，做足试点改革功课。二是健全机制。赣州市政府成立了以市政府主要领导为组长的会（昌）寻（乌）安（远）生态经济区建设领导小组；会昌、寻乌、安远3县成立由县政府分管领导为组长，水利部门和试点乡镇主要领导为副组长的试点工作领导小组。建立了"月调度、季通报、半年总结、年终督查"试点改革推进机制，完善了会商制度、督查制度、调度制度、宣传制度等专项推进制度。三是强化统筹。出台《赣州市推进河权到户改革试点工作实施意见》，会昌、寻乌、安远3县出台试点实施方案，明确各地各有关部门的职责分工，构建了市、县、乡、村四级改革协调机制，合力推进试点政策、资金、项目的落实落地。

（2）由点带面、重点突破，破解改革试点难题。试点县在前期调研论证的基础上，科学选定试点河段，着力破解试点难题。

一是选定试点河段。会昌县选定周田镇石坝河为试点河段，通过召开村民代表大会和民主评议等方式，确定试点经营权承包方案、承包人。寻乌县选定马蹄河为试点河段，通过公开拍卖方式确定河道经营管护承包人。安远县选定欣山镇濂江河支流上濂水为试点河段，村两委和"河权到户"理事会研究并报县政府审核后确定经营权承包方案，通过向社会公开招标方式确定承包人并签订承包合同。

二是对标破解难题。会昌县将河段承包公示牌及村级村规民约向村民公示，接受公众监督，并积极做好农村产权改革宣传工作，营造浓厚氛围，调动改革试点积极性。寻乌县竞标承包人组建巡查管护队伍，制定巡查管护制度、考核奖惩等制度，实行统一着装、规范化管理。安远县每季度召开村民代表大会或与承包方座谈，调处经营矛盾纠纷，督促承包方履行河道管护义务，监督合同履行情况，逐步完善河道管理体制和良性运行机制。

（3）因地制宜、多措并举，探索"以河养河"模式。试点县结合资源环境特点及资源利用方式，加快探索持续有效的"以河养河"管护模式。

会昌县承包方主动履行河道养护责任，积极发展河道漂流等生态旅游产业，并带动周边村民稳定就业，真正变"死水"为"活水"，实现"以河养河"和乡村振兴发展目标。

寻乌县每年安排巡河补助资金25万元，由县河长办形成考核方案，采取实时监控、定期抽检、不定期飞检等形式对承包方管理钓鱼、入河排污、入河游泳、河道垃圾巡检等情况进行考核登记，按不合格次数记入年度服务质量，作为巡河补助资金扣除依据。其他经营投入以承包人投资为主，实现由"政府管河"

到"承包人+政府+群众共同护河"的模式转变。

安远县利用承包河道结合绿水青山欢乐谷水上乐园拓展漂流服务，承包主体利用河道获取经济效益的同时，主动履行对河道进行清洁管护的义务，基本达到"以河养河""以河护河"目标。

（二）主要成效

（1）变被动治水为主动治水，激发群众参与治水的积极性，带来良好的社会效益。

"河权到户"改革后，试点河段因地制宜创造农旅结合、水旅结合发展思路，使原本"资源共有"转变为"环境共享"，并积极宣传政府河道管护的政策法规，强化了村民护河用河"红线意识"，增强了群众保护水生态环境的自觉性，激发了群众参与治水管水的积极性，带动当地村民实现稳定就业。通过将养护责任落地，极大地改善了河流生态环境，解决了河道卫生死角，为乡村振兴打造亮丽的河道环境。

（2）变政府治水为共同治水，实现政府、行政村、村民、承包主体四方共赢，带来良好的经济效益。

通过实施"河权到户"改革，承包人主动履行河道养护责任，有力破解河道无管理经费、无管理人员、无管理制度等"三无"状态。通过试点，寻乌县政府2019年获得承包出让收入12.41万元，承包人经济收益拓展为"养、商、补、罚"四个渠道；会昌县当地乡政府获得经营收益5万元，在保证承包河段河畅岸绿的情况下减轻了当地村两委工作负担；安远县政府节省河道保洁员工资1.44万元。

（3）建立起"以河养河"的长效管护机制，实现农村河道水环境的改善，带来良好的生态效益。

通过实施"河权到户"改革，规定承包人的卫生保洁、生态环境巡查监管义务，有效遏制农村侵占河道、偷采砂石、乱倒垃圾、污染水源等破坏水生态环境行为，以及电鱼、毒鱼、炸鱼等较为突出现象，着力破解了面广量大的河道管理难点问题。

（三）经验启示

（1）强协调，合力攻坚破解难题。"河权到户"涉及部门多，要针对发展重点难点，进一步凝聚部门合力，有针对性地制定政策、优化服务、强化保障，突出解决承包人、村民等瓶颈问题，确保有的放矢出成效。

（2）重宣传，发挥群众主体作用。积极引导社会各界关心、支持、参与和监督治水，充分发挥党员干部、共青团、妇联、学校、企业和民间团体作用，通过宣讲、培训、普及环保知识、制定村规民约等形式，让全民治水深入人心，为全面推行"河权到户"改革奠定舆论基础。

（3）抓试点，以点带面科学推进。"河权到户"是一项全新改革模式，尤其是针对山区性乡村河流在实际操作上无有效借鉴经验。要深入总结赣南山区性河流经营权改革经验，鼓励其他县（市、区）积极探索，先行先试，适时在全市推广，实现"以点带面"和"以点促面"。

参考文献

［1］蒋文翠，杨继清，彭尔瑞，等．矿山生态修复研究进展［J］．矿业研究与开发，2022，42（4）：127-132.

［2］戴小俊，马蕾．基于TPB扩展模型的生态旅游行为影响因素实证研究［J］．生态经济，2021，37（2）：120-126.

［3］李映红，张婉，刘笑冰．国内农业绿色发展研究演进与展望——基于VOSviewer的可视化分析［J］．中国林业经济，2022（4）：49-54.

［4］田金平，刘巍，臧娜，等．中国生态工业园区发展现状与展望［J］．生态学报，2016，36（22）：7323-7334.

［5］史代敏，施晓燕．绿色金融与经济高质量发展：机理、特征与实证研究［J］．统计研究，2022，39（1）：31-48.

［6］秦涛，王姗，程军国，等．开发性金融支持国家储备林建设的案例分析——以天津市国家储备林项目为例［J］．生态经济，2020，36（12）：99-103+111.

［7］罗上华，马蔚纯，王祥荣，等．城市环境保护规划与生态建设指标体系实证［J］．生态学报，2003（1）：45-55.

第六章 兄弟省份生态产品价值实现实践

第一节 浙江省生态产品价值实现的实践探索
——"丽水山耕"品牌培育做法成效和启示

丽水的优势在于良好的生态环境；丽水农产品的优势则在于其生态、特色及精品，从而可追求农产品更高的附加值。"丽水山耕"品牌引领生态精品农业发展是丽水遵循习近平总书记"尤为如此"的重要嘱托，是全面贯彻落实丽水培育新引擎，建设大花园的新定位、新使命，是全力推动丽水绿色发展综合改革创新区建设的重要举措，逐步推进品牌可持续发展[1]。

一、主要做法

一是完善顶层设计。丽水市委市政府以品牌农业为丽水市农业发展顶层设计，在品牌农业的基础上定位为生态精品农业，坚持品牌引领九个县（市、区），九大农业产业的发展。所以，委托国内顶级品牌规划团队浙江大学 CARD 中国农业品牌研究中心从丽水山区资源、农耕文化、产业基础和农业规划，对品牌命名、品牌定位、符号系统、渠道构建、传播策略等进行了全面策划，编制完成《丽水市生态精品农产品品牌战略规划》，并经由丽水市委市政府发文实施，完善了品牌发展的顶层设计，为"丽水山耕"品牌的发展奠定了基础，搭建了框架。

二是进行"丽水山耕"品牌运营体制机制创新。品牌要发展必须有一支专业的运营团队，"丽水山耕"是区域公用品牌，是集体商标，所以丽水市整合全市优秀农业主体成立了丽水市生态农业协会，以协会名义注册品牌，但品牌归属丽水市委市政府所有。同时选定丽水市国有独资公司丽水市农业投资发展有限公司进行运营，协会的秘书处与丽水市农投公司实行两块牌子一套人马的运行机制。采用此种品牌的运营机制，有三大好处：①政府创牌保证了政府对品牌背书的公信力和公益性；②协会注册所有保证了行业协会监管的约束性；③国资公司运营保证了市场主体的灵活性。上述优势保障了"丽水山耕"区域公用品牌的可持续性发展。目前丽水市农投公司本部包括股权投资公司共有品牌的可持续性发展，农投公司本部包括股权投资公司共有品牌运营工作人员150余人，真正形成了"丽水山耕"品牌大家庭。

三是营造"丽水山耕"生态圈。政府、协会、部门、市农投公司、农业主体分工协作，形成合力从标准化、电商化、金融化等方面建立了"丽水山耕"生态圈。①标准化：推广使用"丽水山耕"种植业、养殖业、水产业、畜牧业、非食用类五大产品通用标准；对"丽水山耕"产品进行检测全覆盖；依托丽水市农产品质量安全追溯系统，建立"四级九类"市、县、乡、企业四级，蔬菜、水果、食用菌等九大产业（九类）质量安全追溯系统监管体系。②电商化：开设"丽水山耕"农集商城、天猫旗舰店等线上营销平台，对产品进行文创提升、对主体进行电商培育。③金融化：建立农产品交易平台，并创新农村金融服务产品。同时，整合全市宣传资源，以多种渠道与宣传手段拓宽品牌宣传面。并推行"整合营销"与"农旅融合"等营销策略，全方位服务"丽水山耕"品牌发展。

四是母子品牌运营，实现共赢。丽水物产丰富，造就了许许多多优秀的农产品，而其中最突出的就是缙云黄茶、缙云笋峰茶、缙云麻鸡、松阳银猴、松阳香茶、龙泉金观音、景宁泡笋等19个地理标志产品。"丽水山耕"以"基地直供、检测准入、全程追溯"为产品宗旨，采用首创"1+N"全产业链一体化公共服务体系（"1"即为"丽水山耕"区域公用品牌引领，"N"为标准化、追溯体系建设、产品文化内涵挖掘、电商主体培育、"壹生态"信息化服务、物流支持体系、农村产权评估、经营主体增信等支撑体系），引导地标品牌及农业主体加入"丽水山耕"品牌体系，实施"母子品牌"战略，并以庞大的线上线下销售渠道，形成"平台+企业+产品"价值链，实现利益均衡分配。

二、主要成效

在"丽水山耕"的助推下，好产品卖出了好价钱，农民由此增收致富，为丽水市"打好五张牌、培育新引擎、建设大花园"贡献力量，践行了"绿水青山就是金山银山"的理念。

一是品牌规模不断扩大，产品影响力日渐提升。至 2018 年底，加盟的会员企业达到 852 家，新建"丽水山耕"合作基地 1122 个，累计销售额达 135.2 亿元，产品平均溢价率达 30% 以上，品牌价值达到 26.59 亿元。成功入选全国"互联网+农业"百家实践案例，荣获"2016 年中国十大社会治理创新奖"、2018 年浙江省优秀农产品区域公用品牌最具影响力十强品牌，2018 年中国区域农产品影响力排行榜区域农业形象品牌榜首，品牌指数 96.76。

二是品牌运营日趋稳定，倒逼企业管理升级。截至 2018 年底，共有 16 个类别的"丽水山耕"集体商标在国家工商总局注册成功，初步形成了"丽水山耕"+县域品牌+企业品牌的母子品牌矩阵。在省委、省政府的关心下，"丽水山耕"提升为浙江省农产品认证标识，比肩"浙江制造"。召开"丽水山耕"品牌大会，发布 5 个团体标准，形成以 A 标（通用标准和认证规程）+B 标（产品标准）为主要内容的品牌标准体系，通过"丽水山耕"国际认证联盟的严格认证。截至 2018 年 12 月底，"丽水山耕"品字标获证企业 211 家，破解了品牌管理瓶颈。

三是营销框架逐步搭建，市场渠道持续开拓。形成电商、店商、微商"三商融合"营销体系，开设"丽水山耕"杭州旅游地商品旗舰店，完成"丽水山耕"线下营销网点建设 200 余个，天猫"丽水山耕"旗舰店线上运营，并免费向优质农业主体开放；探索建立"丽水山耕"农集小程序营销平台，开发了"丽水山耕"营销小程序，成立"丽水山耕"小程序联盟。目前，已有 158 个农业主体制作了小程序，并加入到"丽水山耕"小程序联盟，同时依托青田进出口商品城，建设特色农产品城，积极打通"丽水山耕"产品的出口渠道。

四是金融服务不断创新，破解涉农企业融资难题。搭建农村产权交易平台，着力解决农村产权信息发布、交易鉴证、价值评估、资产收储等问题，累计完成农村产权交易 3697 宗，交易金额 4.99 亿元。对接金融机构，搭建融资服务平台，探索以农村产权作为抵押资产，为农业企业提供融资担保业务，评审会担保总额 2000 万余元。引导更多资本投资农业发展，一方面，以农投公司为主体，筛选具有特色禀赋和发展前景的农业产业和企业，分类开展股权投资；另一方面，与省股交易中心合作建立"丽水生态经济板"，累计实现 50 家"丽水山耕"品牌企业挂牌，有效帮助农业企业对接多层次资本市场。

三、品牌培育启示

一是背靠政府是农业品牌发展的基础。过去"企业单打独斗"到现在"政府为品牌代言"体现出政府为农业品牌建设的背书，实现政府与市场两手发力。"丽水山耕"成立生态农业协会注册"丽水山耕",委托国有企业丽水农业投资发展有限公司为社会提供品牌服务。实现公用品牌作为"母品牌",加盟企业品牌作为"子品牌",以"母鸡小鸡"双商标方式运营,有效增加农产品的信誉度和附加值。

二是整合资源是品牌农业发展的保障。过去农民小户生产,分散经营、辛苦找市场,到如今形成"合作社+企业+家庭农场+农户"专业化生产、规模化经营、对接大市场的格局,同时进一步唤醒农村沉睡资产与资源,无不体现出"丽水山耕"整合资源的能力。许多合作社负责人表示:"丽水山耕"让农产品有了广阔的销路,能把许多农户组织起来,让更多的田地改种市场对路产品,农民的收入也水涨船高。

三是文化创意是品牌农业发展的推手。从过去农业孤立发展模式,向农业与文化、旅游融合发展模式转变,将绿水青山转化为金山银山。一方面,"丽水山耕"较好实现了农业与文化融合,通过设计创新和艺术创新将文化基因植入产品中,赋予"丽水山耕"品牌更多的文化价值和生命力,实现了从"卖出产品"向"卖出文化"转变。另一方面,"丽水山耕"较好实现了农业与旅游融合,"丽水山耕"出台"丽水山耕"品牌旅游商品三年开发运营方案,把生态产品华丽变身为旅游商品,实现了"卖山头"与"卖山货"的有机结合。

四是整合营销是品牌农业发展的导向。"丽水山耕"创立"农业主体+冷链物流+电商平台+设区商店"的运营模式,坚持电子商务,生鲜宅配、专卖体现、网络营销,多管齐下,建立线上营销、线下消费的O2O营销流通商贸新模式,绿色农产品通过互联网走进千家万户,打造"丽水山耕"天猫旗舰店。在上海、杭州等七大城市开设"丽水山耕"社区店240家,累计实现销售额超过了135.2亿元。

五是信任传递是品牌农业发展的根本。"丽水山耕"建设农产品质量安全追溯管理系统,由农、林、渔等部门负责在线监督企业生产流程标准,全面推广农产品质量安全定量检测。消费者可通过扫描商品上的溯源二维码,实现产品源头可追溯,流向可追踪,信息可查询,确保"舌尖上的安全"。

第二节　贵州省生态产品价值实现的实践探索

——贵州省保护绿水青山推动全域生态旅游

贵州立足宜人的气候、良好的生态和丰富的自然人文资源,立足保护好一方水土，保护好绿水青山，坚持"山地旅游＋多产业融合"的理念，厚植绿水青山优势，在保护中走出一条依托旅游将绿水青山快速有效转化为金山银山的路子。

一、主要做法

（1）转变发展理念和管理体制，强化整合保护形成强大合力。一是立足保护绿水青山，编制发布《贵州生态旅游发展规划及案例研究》《贵州生态文化旅游创新区产业发展规划》等多个省级旅游发展规划，率先在全国开展旅游资源大普查，摸清全省旅游资源家底，着力打造 AAAAA 级和 AAAA 级景区；对世界遗产地、风景名胜区、森林公园等重点旅游资源实行"统一规划、统一管理、统一保护、统一开发、统一营销"，推动资源整合，联动协作，抱团发展；成立旅游警察、旅游巡回法庭、全域旅游法律服务中心、全域旅游研究中心，通过巡逻防控、指挥调度、法律援助服务等提供全方位服务。二是率先将旅游局更名为旅游发展委员会，由省政府直属机构调整为政府组成部门，对全省旅游业发展进行统筹协调，统一组织全省旅游资源普查、保护和开发，指导重点旅游产品和项目的规划、开发，有效避免对旅游资源进行无序开发的问题。三是在市、县两级普遍建立"委员会"管理体制，从行政主体、机构人员、职责权限等方面进行实质性调整，增强统筹协调能力。四是全省 9 个市（州）和部分旅游资源富集的县市建立了旅发大会机制，形成了省市县三级旅发大会统计格局，平台效应正向纵深拓展[3]。

（2）健全法制考核体制，有效发挥考核指挥棒作用。制定旅游业发展考评办法，完善全省旅游统计制度和旅游业发展评价办法，从旅游总收入、外省游客占比、人均游客消费额、旅游业增加值 GDP 比重、旅游接待满意度等方面对各县区市进行评价，把旅游业发展情况纳入全省各地经济社会发展总体目标责任体系进行严格考核，考核结果作为评价各市、县党政领导班子和主要领导干部实绩的内容，作为干部选拔任用、年度目标考核等次确定和奖惩依据，使全域旅游发展由部门主抓上升为党政统抓的一把手工程。省领导带头定期不定期开展旅游工作督查暗访，层层压实责任，级级传导压力。

（3）创新旅游发展投融资体制，多渠道打通旅游资源保护和开发融资壁垒。全省清理涉及旅游的审批事项，该取消的取消、该下放的下放，消除投资壁垒。探索建立旅游投资项目审批首问负责制，投资主管部门或审批协调机构作为首家受理单位"一站式"受理，"全流程"服务。积极推动世界银行贷款项目落地落实，鼓励各类银行加大对旅游重点项目建设的信贷支持。积极申请利用世界银行贷款项目，建立贵州旅游产业发展基金，遵义红色旅游基金，发行贵州省高速公路发展等产业脱贫攻坚基金子基金。指导旅游企业开发推出资产证券化产品，推动黄果树智慧旅游，多彩贵州文化演艺公司、贵阳市旅游投资集团等一批旅游企业成功在新三板上市。支持茅台集团、贵州投资集团、贵州旅投集团等多个省属国有企业参与投资开发和保护旅游资源。

（4）探索开展"旅游+"发展模式，推动绿水青山与金山银山有机结合。建立相关机制。一是实施旅游"百区千村万户"工程和旅游项目建设，景区带动、乡村旅游等九大旅游工程，探索推行旅游"三变"新模式，推动旅游发挥积极作用。出台贵州省乡村旅游系列标准，评定标准级以上乡村旅游村寨、客栈、经营户近千个。目前已成功打造了 25 个全国乡村旅游创客示范基地。二是探索"旅游+互联网"模式。成立贵州首个"旅游+大数据"平台——贵州黄果树智慧旅游股份有限公司，全面覆盖线下渠道和线下平台。涵盖 40 余家贵州旅游目的地主要景区、经典旅游线路、特色餐饮等。组建贵州旅游大数据中心、建成并上线运行指挥旅游一站式服务监管平台和应急指挥平台（云游贵州 App）。搭建贵州旅游信用信息系统，实施贵州省旅游购物退货试点实施办法，全省设立旅游购物退货监理试点 51 家。

（5）健全全域旅游宣传机制，全方位推介"多彩贵州公园省"。将"山地公园省、多彩贵州风"作为整体品牌进行宣传推广，所有省领导出访都要推介旅游，借力外交部省区市全球推介活动、首届世界旅发大会，G20（杭州峰会）"一带一路"国际高峰合作论坛等重大国际事件和平台，积极策划贵州旅游宣传营销活动，在美国大选期间播放《山地公园省、多彩贵州风》宣传片，引起《纽约时报》、法国国家电视台等国际知名媒体关注。陆续开展了"多彩贵州、寻亲之旅""山地公园省、多彩贵州风2018避暑度假主题营销"等宣传推广活动，为安徽、江苏以及全国 10 个夏季高温城市所在省（市区）居民推出了专项旅游优惠政策，发布包括门票、自驾游、航线、机票等方面优惠信息，以及旅游包机、旅游专列补贴等政策，力邀广大游客来贵州消暑度假。

二、主要成效

通过全域旅游示范省建设，全省旅游业发展保持"井喷"态势，人民群众在享受绿水青山的同时，也给贵州带来了源源不断的金山银山，更为绿水青山持续转换为金山银山奠定了坚实基础。

一是绿水青山有效转化为金山银山。2017 年全省共实现旅游增加值 1500 亿元左右，占 GDP 比重提高至 11.2%，占服务业增加值比重达 25%，入黔游客、入境游客、过夜游客保持较快增长，游客人均花费增至 952 元。29.9 万贫困人口通过旅游业受益增收。

二是创建了一批知名旅游目的地。成功创建国家 AAAAA 级旅游景区 5 家，国家 AAAA 级以上景区增至 100 家，建成国家级度假区 1 个，省级度假区 29 个，打造了茅台酒镇、赤水河谷旅游公路、"中国天眼"等一批重点旅游项目，其中兴义万峰林生态体育公园景区获国家体育旅游示范基地创建单位。茅台集团入选国家工业旅游创新单位，"中国天眼"等入选首批中国十大科技旅游基地，史迪威公路晴隆二十四道拐遗址等 8 处景区入选中国红色旅游经典景区，黔东南州入选全国中医药旅游示范区创建单位，西江千户苗寨入选中国十大优秀国际乡村旅游目的地。

三是成功打造一批旅游推介平台。组建国际山地旅游联盟并落户贵阳，成为世界第一个以山地旅游为主题的国际旅游组织，也是我国第一个总部设在北京以外的国际旅游组织。联系三年成功举办国际山地旅游暨户外运动大会，成立贵州山地旅游发展中心。

第三节　福建省生态产品价值实现的实践探索

2017 年 1 月，福建省在全国率先印发实施《福建省重点生态区位商品林赎买等改革试点方案》，把现有重点生态区位内禁止采伐的商品林通过赎买等改革举措保护起来，有效解决林农利益和生态保护之间的矛盾，实现"社会得绿、林农得利"的双赢，探索出一条"生态美"与"百姓富"有机统一的新路子。截至目前，福建省累计完成重点区位商品林赎买、租赁等改革试点任务 23.6 万亩。

一、主要做法

（一）多样化赎买模式破解生态保护与林农利益的矛盾

探索形成以赎买为基础，租赁、置换、改造提升为补充的多样化的赎买改革模式，逐步优化生态公益林布局，完善森林生态功能。①赎买：即在对重点生态区位内非国有的商品林进行调查评估的前提下，与林权所有者通过公开竞价或一致协商进行赎买。村集体所有的重点生态区位内商品林须通过村民代表大会同意。赎买按双方约定的价格一次性将林木所有权、经营权和林地使用权收归国有，林地所有权仍归村集体所有。②租赁：即政府通过租赁的形式取得重点生态区位内商品林地和林木的使用权，并给予林权所有者适当经济补偿。在租赁期间林地林木所有权不变，参照天然林和生态公益林管理。③置换：即将重点生态区位内的商品林与重点生态区位外现有零星分散生态公益林进行等面积置换。④改造提升：对除铁路、公路干线两侧和大江大河及其主要支流两岸规定范围内的人工"重点三线林"外，其他的重点生态区位中杉木、马尾松、桉树等人工纯林的成过熟林，适当放宽皆伐单片面积限制，允许以小班为单位进行改造，最大面积不超过300亩。采伐后不再新种桉树，及时营造乡土阔叶树种或混交林，并根据规划逐步纳入生态公益林管理。除此之外还通过入股、合作经营等其他改革方式。与此同时，针对各地重点区位商品林分布情况和林分结构千差万别的问题，福建省注重发挥基层首创精神，因地制宜，探索出各种改革措施相互组合的改革模式。

一是"赎买+改造提升"模式。福建省三明市沙县对占商品林总面积20%的水源地森林以及天然商品林，采取直接赎买和定向收储；其余80%的人工商品林，则采取"你来改、我补贴"的办法，林权所有者按商品林政策采伐原有生态效益低下的单树种的针叶林，采伐收入归林权所有者，同时政府给予一定补贴；采伐完成按照政府要求进行补植改造，其中50%必须为阔叶树，补植完成后签订界定书，逐步调整为生态公益林。

二是"赎买+合作经营"模式。福建省探索将赎买与美丽乡村建设有机结合，增强赎买资金的"造血"功能，拓展赎买的长期效益，将一次性的赎买资金转化为长期发展的资本[5]。宁德市柘荣县绸岭村797亩的商品林被赎买后，全村获100多万元的收入，该村将这笔资金投资入股到相关企业中，集中发展乡村旅游和林下经济，被评为省级"美丽乡村"示范村，现成为一个远近闻名的乡村生态旅游点；完店村群众自发成立基金会，将2100亩个人商品林赎买资金注入基金会，并投入到以全村群众为成员的农业专业合作社中，用于发展农业、林业生产和新农村建设、旅游开发等项目。

三是"赎买+生态补偿"模式。重点生态区位内商品林的生态效益和生态产品价值等同于生态公益林，福建省南平市对一部分重点生态区位内商品林进行直接赎买，另外大部分参照生态公益林的补偿办法，与林农签订协议，按年给予重点生态区位内商品林的林权所有者一定补偿金，既弥补了林农的经济损失，也减少了一次性资金投入的压力，加快了改革进度。

（二）多元化筹资途径实现赎买资金可持续供给

福建全省现有重点生态区位商品林中乔木林地 630 万亩，其中属于集体和农户的有 521 万亩。据摸底调查和评估测算，全省平均的赎买价格约为 3500 元/亩，所需资金量大。为此，福建省积极探索建立以财政资金引导为基础、受益者合理分担、吸引社会资金参与的多元化赎买资金筹集机制。

一是加强财政资金投入。一年多来，省级财政投入 1.4 亿元，相关试点县（市、区）财政投入 1 亿元，用于重点生态区位商品林赎买或禁止采伐，并出台相关政策允许县级将森林资源补偿费返还地方部分作为赎买资金。

二是吸引社会资金。福建省南平市顺昌县是省级扶贫开发重点县，地方财力有限，该县依托县国有林场的丰富森林资源，积极对接中国农业发展银行，获得银行对其长久森林经济效益的确认，争取到贷款 3 亿元，将该笔资金陆续投入到重点生态区位商品林赎买中。同时，赎买后统一经营，采取两次间伐方式，砍掉易造成水土流失的针叶树杉木，补植名贵阔叶树，既能优化林分结构，还能通过出售名贵阔叶树树苗，实现更高的经济效益。

三是倡导生态文化，吸引社会各界共建共享。福建省三明永安市成立了非营利性的"生态文明建设志愿者协会"，具体负责重点生态区位商品林赎买工作。该协会积极发动社会各界募捐，并推出了表彰先进、享受旅游优惠政策、森林生态产品免费或优惠等激励措施，目前募捐资金已达 4951 万元，全部投入到重点生态区位商品林赎买中。

（三）优化赎买后森林经营管理模式，提升整体林分质量布局和生态功能

福建省对重点生态区位商品林注重加强赎买后森林的后续管理，进一步提升其生态经济价值。

（1）因地制宜落实管护责任主体。对有适宜的国有林场或国有森林经营单位的，由当地政府交由其进行统一经营管理，实行集中统一管护；对没有合适国有森林经营单位的，探索通过政府购买服务方式来加强管护，引入专业化的森林资源管护企业，下设森林资源巡防大队和森林消防大队，将已赎买的重点生态区位林，统一拨交给森林资源巡防大队管护；对零星分散赎买的重点生态区位林，将其与生态公益林、天然林的管护结合起来，由乡镇聘请护林员划片区进行统一管护。

（2）加强科学经营管理。根据赎买后重点生态区位内商品林林分状况，制定适宜的经营管理措施。对针叶纯林，适时采用抚育间伐、择伐、林下补植乡土阔叶树等营林措施，逐步改培成针阔混交林或以阔叶树为优势树种的林分，改善

和提升其生态功能和景观功能。对适宜发展林下种植的，科学发展林下经济，增加经营收益[6]。

二、主要成效

通过重点生态区位商品林赎买等改革的探索实践，完善森林生态保护补偿制度，进一步破解了重点生态区位商品林采伐利用与生态保护的矛盾，维护林农合法权益，促进林区社会和谐稳定，实现"生态得保护，林农得利益"的双赢目标。

（一）森林添绿

通过开展试点，全省重点生态区位的商品林 23.6 万亩得到有效保护，特别是国道、省道、高速两侧的森林景观得以保留。

（二）林农增收

在重点生态区位商品林赎买等改革试点县（市、区）内，特别是贫困县、贫困村，抓住重点区位商品林赎买的契机，将村集体的商品林进行赎买，带来了丰厚的集体收入。福建省柘荣县绸岭村通过 797 亩村集体商品林的赎买，带来了 100 多万元的集体收入，后将资金投资入股到村中企业，每年为村财带来 4 万多元收入，被评为省级"美丽乡村"示范村，成为一个远近驰名的乡村生态旅游点。

（三）为国有林场改革提供经验和借鉴

重点生态区位商品林赎买后，交由当地国有林场统一经营管理，能有效解决国有林场经营规模小、效益低、管护成本高、生存难等问题，进一步发挥国有林场在培育和保护森林资源的重要作用。同时，也有利于国有森林资源资产的管理和监督，进一步拓展国有林场发展空间。

（四）有效加快林分结构调整

赎买后重点生态区位内的商品林根据林分状况，适时采用抚育间伐、择伐、林下补植乡土阔叶树等营林措施，逐步改培成针阔混交林或以阔叶树为优势树种的林分，改善和提升了生态功能和景观功能。

参考文献

［1］潘世磊，严立冬，屈志光，等 . 绿色农业发展中的农户意愿及其行为影响因素研究——基于浙江丽水市农户调查数据的实证［J］. 江西财经大学学报，2018（2）：79-89.

［2］吕巍，王浩，殷峻暹，等．贵州境内乌江水电梯级开发联合生态调度［J］．水科学进展，2016，27（6）：918-927.

［3］李锦宏，曾雪，曹庆瑶，等．喀斯特山地旅游生态系统安全评价及趋势预测——以贵州国际山地旅游目的地为考察样本［J］．生态经济，2022，38（9）：145-151.

［4］胡剑波，安丹．森林碳汇贸易测度研究——以贵州为例［J］．生态经济，2014，30（12）：78-83.

［5］张文明．完善生态产品价值实现机制——基于福建森林生态银行的调研［J］．宏观经济管理，2020（3）：73-79.

［6］刘桂艳，徐玮，包庆丰．森工企业发展林下经济的动态能力构建与内在机理研究——基于内蒙古森工企业的实证分析［J］．林业经济，2022，44（4）：38-50.

第七章　江西省生态产品价值实现的
建议与对策

第一节　持续唱响绿色生态江西的文化品牌

文化繁荣代表着一个地区软实力的强弱，也是区域传统、区域精神的标志。绿色文化是促进人与自然和谐共生的生态意识与价值取向，是社会主义先进文化的重要组成部分。生态文化体系包括人与自然和谐共生的生态意识、价值取向和社会适应，在生态文明体系中发挥着重要的思想动员、价值引领和共识支持作用。加快建立与繁荣绿色文化，有利于形成生态文明共建共享氛围，降低绿色制度运行成本，有利于打造大美江西绿色品牌，扩大江西在世界的知名度，有利于凝聚绿色发展共识，构建现代化生态经济体系。

1949 年以来，特别是党的十八大以来，江西省持之以恒的生态实践探索，传播了生态知识、提高了生态意识、增强了生态理念，为加快建立健全江西特色生态文化体系奠定了扎实基础。

一是大力弘扬社会主义生态文明观，使习近平生态文明思想深入人心，生态文明建设理念进一步树牢，干部群众关心、参与、监督生态环境保护工作的主动性、自觉性显著提高，绿色发展成为全社会的共识和自觉行动。

二是在全省中小学生中广泛开展生态文明养成实践活动，推进生态文明教育进校园、进课堂、进教材。加强党政干部教育培训，开设污染防治攻坚战、绿色发展等生态文明系列专题课程，推动生态文明培育考核纳入公共文明指数测评。积极组织节能宣传周、寻找"最美环保人"等活动，开展"河小青"志愿服务近 10 万人次。

三是样板创建亮点纷呈。赣州山水林田湖草保护修复经验向全国推广，成功创建鄱阳湖国家自主创新示范区、景德镇国家陶瓷文化传承创新试验区，萍乡国家产业转型升级示范区、抚州国家生态产品价值实现机制试点、九江长江经济带绿色发展示范区等重大平台先后落地。创建全国"两山"实践创新基地 4 个、国家生态文明建设示范市县 11 个，数量居全国前列。井冈山、婺源、资溪列入首批国家全域旅游示范区。加快推进 54 个省级生态文明示范县、139 个省级生态文明示范基地建设，打造形成一批示范样板。

四是生态江西品牌进一步打响。萍乡海绵城市建设、景德镇"城市双修"、上饶横峰农村环境治理获得国务院表扬，新余生态循环农业、鹰潭余江"宅改"经验等向全国推广，宜春"生态+大健康"入选改革年度案例。《梦里老家》《寻梦龙虎山》等一批优秀生态文化实景演出成功推出。举办鄱阳湖国际观鸟周，受到国内外广泛关注，"省鸟"白鹤成为全省生态优势新名片，率先实现国家森林城市、国家园林城市建设区市全覆盖，生态江西的美誉度和影响力不断提升，美丽中国"江西样板"建设迈上新台阶。

但是，对照加快建立健全生态文化体系的新要求，还存在较大差距和明显短板。

一是部分领导干部思想认识上还存在偏差。一些地方和部门生态环保意识和政治站位，与江西省的生态文明建设历史重任还有不适应的地方。部分领导干部还存在污染防治攻坚战可以喘口气、歇歇脚的想法。从最近环保督察组反馈的情况看，个别地方还存在环境治理一刀切，问题敷衍整改、表面整改、虚假整改的现象。

二是宣传教育上还有短板。生态文化宣教平台、载体、品牌不少，但真正叫得响的生态文化宣传品牌不多、代表性的生态文化标识不够鲜明。"江西风景独好"品牌正在打响，但离习近平总书记"最大品牌"的要求还有差距。贴近实际需求的生态文艺精品、生态文明宣教资料不多，入脑入心的教育形式和手段较为缺乏，对广大群众分层次、分类别进行生态文化教育尚存空白点。

三是江西生态文化资源丰富，但传统生态文化梳理不够，江西生态文化的历史脉络、生态文化精华内容挖掘不充分，传统生态理念传承不深入，与市场有效结合不紧密，不能为绿色发展道路、理论、制度和文化自信提供有力支撑。

四是生态惠民、生态利民的长效机制还没有建立，人民群众在生态文明建设进程中的获得感还需要提高。与党政主管部门牵头、有关部门配合、全社会力量参与的协同推进生态文明的工作格局还有差距。

习近平总书记强调，加快建立健全生态文化体系，要以生态价值观念为准则，深刻揭示了生态文化的核心要义和生态文化体系建设的根本要求。"根本固者，华实必茂；源流深者，光澜必章"，人类对自然生态系统及其资源利用的"进退取舍"，都基于其价值取向。推进生态文明高质量发展既指向经济增长方式的根本转变，更是一场思想观念上的深刻变革，须着眼长远、顾及根本，培育和弘扬能够凝聚生态共识、优化生态服务、激励生态参与的生态文化。着力繁荣绿色文化，就是要以人与自然和谐共生为核心，坚持生态优先、绿色发展，以生态文明共建共享为抓手，深入推进生态文化价值观研究，传承江西特色优秀传统文化，以更多接地气的途径将生态文化主流价值观传递给公众，促进生态文化主流价值观"内化于心"、外化于行，牢固树立绿色政绩观、绿色生产观、绿色消费观，形成绿色发展方式和生活方式，使"尊重自然、顺应自然、保护自然"成为全省人民的共识和共为，绿色发展方式和生活方式全面形成，生产发展、生活富裕、生态良好道路越走越宽广。要着力抓好以下几个方面的工作：

（一）传承保护江西特色生态文化并与丰富的山水资源有机融合，促进文旅产业跨越式发展

全面梳理江西传统生态文化历史脉络，挖掘整理风水林、建筑古迹、古树名木的生态文化故事，研究概括典籍史志、民俗习惯、人文逸事中的生态文化内容，夯实江西生态文化的历史根基；系统总结 1949 年以来特别是党的十八大以来，江西扎实丰富的生态文明实践，用其中的标志性事件、典型性工作、先进性事迹、代表性人物，概括提炼江西特色生态文化内容。

加强生态文化遗产与生态文化原生地一体保护。对自然遗产和非物质文化遗产、国家考古遗址公园、国家重点文物保护单位、历史文化名城名镇名村、历史文化街区、民族风情小镇等生态文化资源，进行深度挖掘、保护与修复完善。支持农村地区少数民族文化、民间文化、手工技艺、民俗活动等的传承发展，争取将有价值符合条件的项目列入非遗保护名录。在具有历史传承和科学价值的生态文化原生地，创建没有围墙的生态博物馆，由当地民众自主管理，使其自然生态和自然文化遗产的原真性、完整性得到一体保护[1]。

促进文化资源与山水资源的有机融合，以原住民为主体，打造和扶持具有区域民族特色、市场潜力和品牌效益的生态文化旅游、休闲养生、历史文物典籍展示、民间工艺制作、歌舞技艺表演、"农家乐"、"渔家乐"、"森林人家"、"客家风情"等生态文化产业和创意产品。加强规划引导、典型示范，结合红色、绿色、古色三大特色文化，打造红色文化游、乡村绿色休闲游、传统民俗风情游、江河湖泊滨水游等一批乡村特色文化旅游品牌。依托文化名镇名村，创建一批特色文化产业乡镇、文化产业特色村和文化产业群。大力推动农村地区实施传统工

艺振兴计划，培育形成具有地域特色的传统工艺产品。依托特色，培育和打造生态文化旅游、民间特色工艺、非遗技艺表演等特色文化产业和创意产品。

充分挖掘森林、湿地、草地、野生动植物和山岳文化资源，利用全省丰富的森林、湿地、草地、野生动植物、人文景观等资源，做大做强以生态旅游为主的生态文化产业。加强自然保护地体系生态文化基础设施和自然教育基地建设，推进省域自然教育体系建设。加强具有地域特征的生态文化研究，加大林业生态文化系列书籍、画册及宣传片的创作、出版。充分运用传统媒体与新媒体渠道，全面宣传江西林业，打造江西绿色名片，不断提升江西绿色品牌。

实施"文化+"战略，促进文化与生态、旅游、科技、互联网等深度融合，优化产业结构、打造产业平台。鼓励和引导基于5G的VR/AR等新技术在文化和旅游领域开展试点应用，培育一批具有核心竞争力的创新型文化科技企业。以生态为底色，出台省级文化产业园区认定及规范管理办法，支持现有各类文化产业园区提质增效，打造10个重点省级文化产业园区。培育生态旅游新兴业态，稳步推进红色移动VR游。促进传统生态文化与城镇规划有机结合，建设历史底蕴厚重、时代特色鲜明、生态文化品质高尚的智慧城镇。尊重自然格局，依托现有山水脉络、气象条件等，合理规划空间布局。反对大拆大建，防止千城一面。旧城改造注重保护历史文化遗产、特色文化风格和传统风貌，促进功能提升与文化文物保护相结合；新城新区建设注重融入传统文化元素，与原有城市自然人文特征相协调，保存城镇独有的典型文化记忆；在保护本土文化的前提下，促进传统文化与现代文化、本土文化与外来文化和谐交融、创新发展。

（二）加快建立健全生态文化宣传教育体系，倡导简约适度、绿色低碳的生活方式

继续加强生态文化价值研究与大中小学生、社会公众的生态文化教育。依托高校、社会科学院等专业智库，持续开展江西山水林田湖草的大江大湖流域综合治理实地调研、评估考核与培育试点，积极推出富有创新性、前瞻性的理论研究成果和针对性强、实施度高的对策建议，促进生态文明建设的价值认同与价值自信。将生态文化教育纳入国民教育长远规划，优化课程设置，增强师资力量，着力推动生态文化进课程教材、进学校课堂、进学生头脑，全面提升青少年生态文化意识，启迪心智、传播知识、陶冶情操，在格物致知中培育中华生态文化的传承人。提高生态文化建设的新闻、图书出版水平，编辑发行深入浅出、通俗易懂、图文并茂的生态文化科普宣教系列读物，增强社会传播的吸引力和感召力。持续加大生态文化养成教育，以全民读书活动为平台，把能够传承红绿古优秀传

统、体现江西特色、激发全民自豪感的优秀图书推荐给全民阅读。

提倡简约适度、绿色低碳的生活方式，积极实施绿色生活引导工程，倡导垃圾分类新时尚，杜绝餐饮浪费现象。鼓励群众购买绿色消费品，大力促进绿色住宅、新能源汽车购买，坚决抵制奢侈消费、不合理消费，抵制高耗能产品和过度包装商品。大力倡导生态安葬、绿色祭扫活动。积极推行绿色出行"135"计划，倡导公众 1 千米步行、3 千米骑自行车、5 千米乘坐公交车。加快公交网络建设向农村延伸，推进城乡客运一体化工程，发展低碳公交、惠民公交。

依托各种类型的自然保护区和森林、湿地、地质公园、动物园、植物园及风景名胜区等，因地制宜面向公众开放，建设各具特色、内容丰富、形式多样的生态文明教育基地。通过"绿色节日"营造关爱自然、保护环境的社会氛围，在农民丰收节、植树节（义务植树日）等重要纪念日，组织开展生态文化主题活动；举办绿化博览会、林博会、花博会和森林旅游节、竹文化节以及生态文明大型公益活动；落实《江西省生态文明建设促进条例》要求，组织好生态文明宣传月、节能宣传周、世界水日、国际森林日、世界环境日、湿地日、荒漠化日、生物多样性日、全国低碳日、地球日、低碳日、环境日、文化遗产日等活动，开展群众喜闻乐见的宣传教育活动，逐步提高公众生态道德素养。

（三）开展各类生态文明示范创建，不断提高江西品牌的生态内涵

按照"大气、雅气、秀气"的要求，高位推动、全民动员、全民参与生态宜居城市创建活动。规划先行不断提升城建品位，加强生态建养不断彰显生态魅力。牢固树立"保住山、稳住水、留住鸟"的建设理念，高度重视山体、水体、湿地等生态系统的保护，按照道路林荫化、城市园林化、园区生态化的要求，坚持不挖山、不砍树、不填塘，大力开展水系治理和城市绿化工作，充分彰显江西山水生态魅力。因地制宜、突出特色，构建山水林田湖一体、人居与自然亲和、结构合理、功能协调的森林城市，提升城市品位与综合竞争力。建设与提升城市森林公园、湿地公园、生态养生园林、文化休闲街区、健身步道、城郊生态旅游带，提供更多人类亲近自然的场所，营造绿树成荫鸟语花香的宜居环境，满足广大人民对生态产品的需求。

以水为媒，加快推进水生态文明创建。聚焦"水清"，坚持理念导向、目标导向、问题导向，大力推动赣江流域水源保护地、农业园区、景区等水生态环境综合治理，综合整治水质污染。对国省道沿线和河流沿线纵深 2 千米范围实施综合提升改造，实施以农村生活污水处理、农村"厕所革命"为主要内容的农村生态提升系统工程。聚焦"岸净"，实施河湖非法矮圩网围联合整治、水域采砂

整治、非正规垃圾堆放点排查整治、非法码头整治，达到河畅、水清、岸绿、景美。聚焦"村美"，启动实施水生态综合治理工程，加快农村生活垃圾第三方治理，加大对农村"门前塘""污水沟"的治理力度，建设水生态文明镇村示范点，推动一处美向全域美的转变、"盆景"向"风景"的转变，建设"水净村美、生态宜居"的美丽乡村。

从基础单元做起，建设美丽江西。深化"生态文化村"创建活动，保护和建设具有生态文化品质的美丽乡村。发展具有历史记忆、文化底蕴、地域风貌、民族特色的生态文化村，打造崇尚"天人合一"之理、倡导中华美德之风、遵循传承创新之道、践行生态文明之路的美丽乡村和各具特色的发展模式。大力推进生态家园、清洁水源、清洁田园建设工程，综合整治农村生产生活环境、恢复自然景观资源，建设生态文化淳厚、生态空间环保、绿色食品安全、百姓生活富足的美丽乡村。

加强现代媒体传播体系和平台建设，构建统筹协调、功能互补、覆盖全面、富有效率的生态文化传播体系。丰富现有品牌内涵，推动"江西风景独好"品牌向全领域拓展。充分发挥社会各界和人民群众智慧，开展江西生态文化品牌设计评选活动，推出能够充分凝聚共识、展现当代江西风采的生态文化品牌。围绕我省开放发展的大格局，强化区域绿色品牌建设，引导政府、企业投资集团通力合作，挖掘一批老字号和"贡"字号，培育一批基础条件好、发展潜力大的文化品牌。

（四）坚持以惠民利民为基点，健全生态文明建设全民参与机制

以进一步提升生态质量、增强群众获得感为导向，以机制创新、制度供给、模式探索为重点，以山地森林生态系统价值转换为主攻方向，探索建立群众深度参与生态保护、发展生态产业、促进生态提升三大机制。开发村庄保洁员、河道保洁员、生态护林员、生态护鸟员等公益性岗位，让群众在生态保护中增收。实施生态移民进园，让群众在园区就业中增收。建立生态农业发展奖补机制、绿色工业发展扶持机制。推进实施一批重大生态建养工程，共享改革发展成果，实现生态文化保护传承与增进百姓福祉的统一。发挥生态文化村的辐射带动作用和品牌效益。拉动民生改善，提升文化自信和文化自觉。

积极开展生态文明志愿服务活动，组建村级生态文明志愿服务队——"河小青"志愿服务队。组织开展"节能宣传周""世界环境日""中国水周"等主题宣传教育活动，推动公民履行生态环境保护义务，营造全社会共建共享良好氛围。开展全民大参与活动，动员广大群众发展生态产业、支持殡葬改革、落实

"三禁"规定、践行"两山"理论，让共建生态、共享绿色成为每一位市民的共同价值追求。

以共建共享为落脚点，完善政府为主导、企业为主体，组织群众共同参与的治理体系，推动生态文明建设形成强大合力。大力实行绿色惠民，实施污水管网、垃圾压缩站等一批生态环保领域重点项目；大力推广绿色能源，探索建立碳普惠机制，通过专业数据库和交易服务平台，对居民的减碳行为给予政策鼓励与市场激励，促进居民生活方式向低碳转型，推动全社会积极参与节能减排，共创低碳社会。

完善社会参与机制。全面推进环境质量信息、企业排污信息、监管部门环境管理信息公开，建立环境保护新闻发言人制度。完善建设项目环境影响评价信息公开机制，在环评项目的文件编制、受理、审批等环节，有序提高公众参与程度。建立环境保护网络举报平台，完善环境违法举报制度，保障人民群众依法有序行使环境监督权。规范发展环保社会组织，制定环保社会组织行为规范指导意见，依法保障其行使提起环境公益诉讼等权利。

第二节　深入推进生态产业化和产业生态化

生态经济是生态文明建设的物质基础。生态经济体系是将生态学理论应用于社会经济活动中，优化社会生产方式、经济结构的一种经济发展模式，在生态文明体系中处于核心地位。一段时间以来，江西省生态经济发展态势良好。

一是着力培养绿色产业发展新动能，绿色经济质量不断提高。坚持创新引领产业升级，扎实推进新兴产业倍增计划，大力发展数字经济，光伏、锂电、新能源汽车等新兴产业，主营业务收入实现高速增长。

2019 年，全省高新技术企业突破 5000 家，全社会研发投入占 GDP 比重达 1.6%，专利申请 9.1 万件。深入实施"2+6+N"产业高质量跨越式发展行动计划，全力推进"大干项目年"活动，航空、电子信息、中医药、新材料等优势产业营业收入实现两位数增长。2019 年，全省高新技术产业、战略性新兴产业增加值占规模以上工业增加值比重分别达 36.1%、21.2%，同比分别提高 2.3个、4.1 个百分点，三产占比超过二产占比。

二是生态农业深入推进。2019 年，建设现代农业示范园 291 个，绿色有机农产品数量达 2888 个。油茶、竹类、香精香料、森林药材等林业产业快速发展，林业经济总产值超过 1700 亿元。率先上线运行省级农产品标准化及可追溯平台，农产品抽检合格率稳定在 98% 以上。

三是"生态+"和"+生态"融入经济发展全过程。出台实施数字经济发展战略意见及行动方案，推进 5G 商用、"03 专项"试点，加快打造"物联江西"和 VR 产业"江西高地"。持续推进传统产业优化升级行动。2019 年，工业技改投资增长 36.3%，淘汰煤炭落后产能 183 万吨，超额完成年度目标任务。建立生态文明地方标准 180 项，创建国家级绿色园区 7 家、绿色工厂 33 家，推进 6 个国家资源综合利用基地建设。

四是不断健全绿色发展新机制。全面落实环保电价、差别电价、可再生能源电价政策，可再生能源装机达 1541 万千瓦，全省单位 GDP 能耗、水耗分别下降 4%、5.2%。深化绿色金融改革创新，加快推进赣州、吉安普惠金融改革试验区建设。

虽然江西省生态经济取得明显成效，但是建立健全生态经济体系还处于起步阶段，在实现产业生态化和生态产业化方面还面临一些瓶颈。

一是从绿色投入效率驱动高质量发展创新能力看，目前绿色技术支撑能力不强，绿色新动能培育任务重。根据江西财经大学发布的《高质量发展蓝皮书》，通过整理出中部六省绿色技术支撑指数与总体科技创新指数并进行对比，无论是绿色技术支撑体系还是总体科技创新能力，江西排名都很靠后。

二是从生态优势转化为高质量产业发展的目标要求看，江西省虽有丰富的山水林田湖资源，农村环境优美，生态宜居水平在全国位于前列，但乡村产业发展能力弱，尤其是农村基础设施发展不足，交通位置不便，物流成本高，影响到精品农业、创意农业、休闲农业等新型业态发展不够，农业三产融合发展的规模化程度不高，吸引大资本投资的条件不够，缺少资金雄厚、特色突出、带动效应强的龙头企业，绿水青山向金山银山双向转换存在痛点与难点，成为全省发展美丽经济与乡村振兴的短板。

三是从绿色品牌提升高质量发展效益来看，江西省虽有丰富的生态资源，发展绿色食品、生态旅游、中医药大健康、养老养生、休闲度假产业优势得天独厚，但我省服务业现代化水平较差，一二三产业融合不够。例如，在食品加工领域，全球最有价值的 50 个品牌中，福建创办了旺旺、金龙鱼、银鹭和康师傅 4 个全国知名品牌，相比之下，江西省欠缺推得出、打得响、市场占有率高的知名绿色品牌。

四是在产业生态化上存在"三难"问题：其一是传统产业改造难，其二是新兴产业发展难，其三是工业园区提升难。在生态产业化上存在"难以转、谁来转、不会转"问题。

习近平总书记强调，加快建立健全生态经济体系，要以产业生态化和生态产业化为主体，科学指明了生态经济体系建设的根本路径和方法抓手。加快建立健全江西特色生态经济体系，就是要践行绿水青山就是金山银山理念，推进产业生态化和生态产业化，以供给侧结构性改革为主线，坚持产业围绕生态找定位，聚焦"2+6+N"产业体系，大力发展绿色食品、生态旅游、数字经济产业为主的美丽经济，构建以新型工业化为核心，现代农业、新型工业和生态服务业协同发展的绿色低碳循环发展产业格局，大力发展绿色金融，让绿水青山的"颜值"变成做大金山银山的"价值"，推动形成"一产利用生态、二产服从生态、三产保护生态"的江西特色绿色发展模式。江西特色生态经济体系全面建成，经济绿色化程度进一步提高，走出一条生态与经济相协调的高质量跨越式可持续发展之路，实现产业强、生态美、百姓富，要着力抓好以下几个方面工作。

（一）因地制宜依托三产特性要求，重点发展生态产业

一产利用生态，提升"吐绿量"。坚持以农业供给侧结构性改革为主线，着力在"稳粮、优供、增效"上下功夫。突出农业绿色化、特色化、品牌化，重点发展绿色高效生态农业。按照"扩大体量、提升档次、特色鲜明、示范带动"的要求，强化"三园两场"和"百县百园"建设，打造一批国家级、省级现代农业示范（产业）园。大力发展"三品一标"农产品，建设全国重要的绿色农产品生产区和绿色农业示范区。坚持"五区一带"发展定位，紧密依托中心城市、交通主干线、大型风景区和特色农业资源，重点打造赣北现代休闲农业示范区、赣东北景观农业度假区、赣西绿色生态农业养生区、赣中乡村耕读文化探秘区、赣南客家民俗风情体验区和环鄱阳湖滨水休闲农业游憩带。强化农业生态涵养、休闲观光、农旅文化体验功能，实施休闲农业和乡村旅游产业发展工程，开展"十百千万乡村旅游点建设计划"，培育发展特色小镇、特色村庄、田园综合体。深化农业产业结构调整，聚力打造6个千亿级、3个百亿级产业。加大绿色有机农产品建设力度，着力打造一批富硒等名特优农产品品牌。实施农产品加工七大行动，着力培育一批"领军企业""雏鹰企业"。

二产服从生态，提升"含绿量"。围绕建设工业强省，重点发展资源节约型、环境友好型工业。在自然资源和生态环境能够承受的限度内，一手抓传统产业绿色转型，一手抓新兴产业培育壮大，做强做优做大"两型"工业。健全绿

色倒逼机制，研究制定江西省"两型"工业地方标准，落实最严格的排放标准和总量管控，有力有序推进结构性去产能，重点推动有色、石化、钢铁、建材、纺织、食品、家具、船舶等八大传统产业的清洁化、智能化改造。强化"一产一策"，推动航空、电子信息、装备制造、中医药、新能源、新材料等产业，向重点企业倾斜，向重点园区聚集，向全产业链迈进。深入实施"互联网+"行动计划，大力发展以数字经济为核心的新经济，重点打造 VR 产业、"物联江西"。实施"亩均论英雄"改革，加快建立"亩均论英雄"的指标体系、工作体系、政策体系、评价体系，提升工业园区发展质量和效益。

三产保护生态，提升"储绿量"。加快发展节能环保产业，大力培育环境治理市场主体，创新环境治理服务模式，拓展合同能源管理、环保管家、第三方监测治理等服务市场，培育一批具有较高市场竞争力的专业化企业集团。

（二）改革攻坚优化生态资源配置，激发投资创业活力

立足生态资源优势，统筹整合岸线、水面、耕地、林地、园区资源，分类激活生态产权体系，推动生态要素向生产要素、生态财富向物质财富转变。

一是适度扩大各类资源产权权能。试点区域水权交易统筹配置江河水量，控制用水总量，提高用水效率。完善矿业权取得和流转，健全探矿权、采矿权出资入股权能。适度扩大森林产权权能，深入推进林权流转，创新承包、租赁、特许经营方式，鼓励社会资本参与国有林场改革，共同发展森林旅游特色项目。

二是深入推进集体产权配置机制改革。加快农村宅基地、耕地承包经营权确权颁证，稳定自然资源资格权、收益权的合理预期。发展多种集体经济，采取"保底收益+按股分红"的方式，引导农户经营权入股龙头企业、农民合作社，唤醒农村林场、湖泊、流域、房屋等沉睡资产。增强农村产权要素的融资功能，增加农村承包土地经营权和集体经营性土地使用权抵押贷款试点。搭建物权增信服务平台，将林权、水域滩涂使用权、大型农机具、知识产权纳入贷款抵质押范围，推进各类产权要素的确权颁证、价值评估、抵押登记、交易流转和风险处置机制建设。

三是瞄准国家专项建设基金、中央预算内投资等重点投向，切实做好生态环境项目的总体规划，推出一批有稳定回报预期的重点项目。在保持自然生态系统完整性的基础上，将生态保护与盈利性的私人产品捆绑，大力发展休闲农业、健康产业等新业态，补充生态保护项目收益来源。加快建立有公信力的政府信用评价体系，严格按 PPP 运作模式规范约束政府行为，扫除行政体制性障碍，让社会资本积极、稳定、有利可图地参与进来，使绿水青山成为吸引民资投资高地。

四是坚持市场开放原则，始终坚持把"高质量、高水平、具有一定社会责任感"作为生态建设参与企业衡量标准，坚决杜绝唯利是图和短视行为，有序开发自然资源的经济价值，切实保护好江西一湖清水、一片蓝天、一方净土。

（三）扬"优"成"特"扩大开放，推动江西绿色品牌走出去

要把江西绿色生态优势转变为招商引资的特色，吸引外部资金引进来，绿色产品走出去。近年来，各地市各部门对发展绿色招商高度重视，出台了一系列政策措施，有力促进了绿色经济规模壮大，但同时也面临概念泛化、标准不一、绿色品牌拳头效应不强等问题。建议充分发挥江西生态优势，紧抓内陆自贸区机遇，集成力量做大做强江西绿色农产品、生态旅游品牌，建立品牌建设成本分担与收益共享机制，充分激励各级政府、投资集团、金融机构、绿色企业建设绿色产品商标积极性，推动实现外部资金、技术引进来，江西产品走出去，实现江西制造向江西创造、江西速度向江西质量、江西产品向江西品牌的转变。

一是突出江西绿色生态优势，打造内陆双向开放高地。面临经济欠发达、加快发展任务重的严峻形势，充分利用绿色生态这个江西最大财富、优势和品牌，打造内陆双向开放高地是必由之路。以"一带一路"沿线为重点，扩大先进制造业和现代农业开放，推动江西走出国门；以对接长江经济带、深化与港澳台地区合作、赣台经贸文化交流为重点，加快科技、金融、医疗、养老服务品牌引进来；突出文化和旅游特色，推动形成以省会南昌为核心、赣江开放合作带和高铁开放合作带"一核两带"的全省区域开放新格局。

二是围绕江西省开放发展的大格局，聚焦优质绿色产品的主攻方向，强化区域公共品牌建设，通过政府引导、龙头带动、社会资本投入、各协会合作社积极参与的模式，引导各方通力合作，集中力量培育一批基础条件好、发展潜力大的区域公共品牌，通过生产订单化、产品优质化、全程标准化、营销品牌化，培育一批全国知名、销售额超500亿元的区域公用品牌，不断优化绿色农业产业格局。

三是要把标准作为支撑绿色品牌建设的重要抓手，加快推动绿色标准体系建设。依托社会力量，设立绿色产业标准专家委员会，结合江西优势和特色，制订《绿色产业指导目录》在各领域的实施方案，完善和细化相关领域的子目录。加强重点标准研发，推进绿色制造标准实施与监督，有序引入社会中介组织开展绿色标准品牌第三方认定服务，逐步建立绿色产品认定机制。

健全完善生态文明领域财政投入机制，探索更加科学有效的环境治理和生态保护资金支持途径，逐步建立"政府主导、市场运作、社会参与"的多元化投

入机制，更加注重运用市场手段保护生态环境，支持建立"污染者付费+第三方治理"等机制，大力支持培育环保产业发展。

（四）畅通机制增加资金供给，完善绿色金融体系建设

深入参与国家绿色发展基金运作，争取更多基金项目落地江西，服务江西省经济社会绿色高质量发展；探索设立省级土壤污染防治基金，逐步建立吸引社会资本参与生态文明建设的政策体系。继续实施污染防治攻坚战以奖代补，支持打好蓝天、碧水、净土保卫战，加大大气污染防治力度，深入推进农村环境综合整治，探索建立财政资金分配与生态环境质量挂钩机制。探索建立山水林田湖草系统修复和综合治理机制，支持打造山区、平原丘陵区、城市滨湖区等不同类型山水林田湖草生态保护修复和综合治理机制样板；研究出台吸引社会资金参与生态修复的政策措施，按照"谁修复、谁受益"原则，鼓励和引导社会投资主体从事生态保护修复。

以治山理水和显山露水为主线，探索金融支持生态环境治理的新模式。加大对战略储备林、珍稀树种保护与发展、低产低效林改造等林业项目的金融支持力度，探索开展林地经营权流转证抵押贷款和公益林补偿收益权质押担保贷款。加大碳金融创新，探索林业碳汇资本化投融资机制。推广政府和金融资本、社会资本合作模式，推进环境污染责任保险、合同能源管理、合同节水管理和合同环境服务等融资新模式，积极发展能效贷款、环境权益回购、保理、托管等金融产品。探索建立排污权交易制度，开展二氧化硫、氮氧化物排污权有偿使用和交易试点。

聚焦节能、环保装备制造、节能环保产品生产、生态保护修复、资源综合利用等领域，打造千亿主导产业。支持农产品品牌建设，为企业建立完善农产品质量认证和源头可溯系统提供金融便利。积极创新财政资助、科技贷款、风险投资等融资方式，完善供应链金融，支持新经济新业态发展。

利用政府投融资平台，由政府和社会资本按市场化原则共同发起区域性绿色发展基金。充分发挥绿色发展基金阶段参股、跟进投资、风险补偿、投资保障等作用，强化绿色企业的投资预期。建立绿色项目库动态发布机制，通过放宽市场准入、完善公共服务定价、落实财税和土地政策等措施，引导资金投向生态保护项目，支持企业做大做强。积极争取和高效使用国际组织贷款和外国政府贷款、赠款，重点向生态环保领域倾斜。建立"政融保"绿色金融制度。与大型保险集团公司合作，鼓励保险机构开发保贷结合的产品，完善出台"政融保"金融项目对接服务措施，为龙头企业和农民专业合作社等新型农业经营主体提供免抵

押、免担保、低利率等融资服务，有效降低企业融资成本，试点绿色保险参与生态建设的途径，保障项目落地生根。

第三节　加快形成生态文明领域治理体系和治理能力现代化格局

生态文明制度是生态文明建设的体制机制支撑。生态文明制度体系是将所有生态文明制度，按照生态系统的一般规律以及生态保护的进程，进行整合而形成的系统制度，在生态文明体系中发挥组织保障和法治保障作用。

江西省生态文明制度"四梁八柱"已经基本搭建。党的十八大以来，江西省初步建立了以新环境保护法为核心，以地方性法规、政府规章、重要规范性文件为补充，体现"源头严防、过程严管、后果严惩"的生态文明制度体系。目前，江西省有效运行的生态文明建设方面的地方性法规 26 部、政府规章 11 部，有关部门牵头制定的制度 80 余项。"五级"河（湖）长制成为全国相应制度蓝本，在全国率先实施全流域生态补偿制度，在全国率先全面推行"林长制"，在全国形成山水林田湖草系统保护修复"赣南模式"，在全国创造了立体推进全域建设"海绵综合体"萍乡范本，办理了全国首例破坏自然遗产民事公益诉讼案件，产生了较大影响。

习近平总书记强调，加快建立健全生态文明制度体系，要以治理体系和治理能力现代化为保障，深刻揭示了生态文明制度体系建设的努力方向和根本要求。建议创新江西绿色制度体系的总体思路是：聚焦生态文明建设的重点难点问题，对标中央改革部署，着力破解制约试验区建设的体制机制障碍，全面抓好生态环保信用评价和信息强制性披露、污染防治攻坚战成效考核、自然资源资产审计、生态文明执纪问责等制度执行力度。积极扩大重点制度和改革试验的实施范围，扎实推进综合生态补偿、自然资源产权制度、国土空间规划及用途管控，加快构建生态文明领域治理体系和治理能力现代化格局。支持市县结合本地资源禀赋、特色优势，培育一批特色改革试点项目，构建绿色制度落实的第三方评估制度，及进跟踪、评估、总结，推进重点制度落地，形成改革经验成果，向国家推荐一批改革成果，在全省推广一批改革经验。

按照"巩固型、深化型、创新型、融合型"，坚持完善现有制度政策，发挥

"存量"的优势；切实创新制度政策，培育"增量"新动力；密切结合生态环境问题新变化，突出"变量"的新功力；设计创新生态环境保护制度政策。认真梳理评估已出台制度政策，对于执行好、效果好的政策，一以贯之地加以巩固推进；对于存在缺陷不足、有待完善的制度政策，通过深化调整，发挥更大效力；对于新问题、新领域，通过制度政策创新，查漏补缺，补齐短板；同时积极促进生态环境保护领域内部政策、生态环境保护制度政策与经济社会发展制度政策的融合共生，变"单打独斗"为"联合作战"，形成制度政策合力。建议抓好以下重点工作：

（一）创新流域综合生态补偿制度，探索科学合理的生态文明资金筹集使用机制

整合生态环保专项补偿资金。按照性质不变、管理不变、各自实施的模式，整合环保、天然林资源保护、水利建设、水源地保护、湿地保护等专项资金统筹使用。根据生态环保领域省级与市县财政事权和支出责任划分，建立健全权责匹配、相互协调、步调一致的生态环保专项转移支付和基建投资资金统筹整合长效机制。完善生态保护建设专项资金管理办法。在建立统一的生态文明建设专项资金的基础上，实行"大专项+任务清单+绩效评价"管理模式。相关行业部门根据各专项资金使用方向、有关发展规划和年度任务安排，会同财政部门科学确定任务清单。建立多元化的流域生态补偿专项基金长效投入机制，坚持多渠道、多层次、多方位筹集重点流域生态环境补偿专项资金。流域生态补偿资金由省财政统筹安排使用，列入年度财政预算支出安排，并接受社会捐赠。

明确以流域内生态保护作为发展第一要务，推动流域内生态保护利用，分水环境质量、森林生态质量、生态建设管理、当年生态文明重点特色工作四个部分，将各县（区）纳入考评范围。生态办负责对专项资金的使用情况实行跟踪反馈，并进行绩效考评。整合改革各参与部门职能，形成环保、国土资源、农业、林业、水利、审计、统计等各部门既各负其责又紧密配合的工作局面。

建立湿地保护会商机制，全面启动湿地生态补偿制度，建立湿地征占用费征收制度，完善湿地生态环境损害调查和评估机制。制定相关工作制度，建立高效的跨部门、跨条线监测数据共享和预警信息发布会商机制[2]。依据全国第二次湿地资源调查数据，从国家级湿地自然保护区、国家湿地公园入手，采取个人直补、项目安排和管理经费相结合的补偿方式，全面启动湿地补偿制度，切实调动湖区群众开展湿地保护的积极性。对单位和个人开发利用湿地及其资源的，根据湿地类型和湿地开发项目，分别确定征收标准，征收湿地资源恢复费。通过对征

占用湿地进行收费，切实减少对湿地资源的盲目开垦和无序利用，遏制湿地资源逐步减少的趋势。结合江西省湿地较为突出的光伏发电、河湖采砂、城市湿地占用等损害行为，进一步完善《江西省湿地生态环境损害调查和评估办法（试行）》，完善技术标准，共建良好的湿地生态系统[3]。

（二）抓住领导干部这个关键，建立生态文明长效监督考核机制

以高质量发展考核为抓手，增加生态文明考核权重。建立更加精准的权责清单机制。科学界定上级与下级、部门与部门、部门与个人、政府与企业、领导与干部之间的生态职责，将权责落实到具体的事情上，对各级党委政府、党政部门、国企和事业单位、基层党组织及其领导干部专门制定权力清单、责任清单（含免责清单）、负面清单等"三单"，建立"三单"动态更新机制。规范界定部门和领导干部生态工作免责问责情形，让应承担责任的部门和个人被严格问责，使已经履职尽责的部门和个人不被问责。建立更加规范的考核评价机制。建立"1+N"考评体系。融合绿色发展评价、生态文明建设考评、领导干部自然资源资产离任审计、高质量发展综合考核评价等各类考评制度，建立1个统一的考评制度体系，作为部门年度绩效考核、地方党委政府年度综合考评、领导班子年度考核等重大考核中生态文明建设部分的主要来源，并统筹开展结果运用、责任追究、容错纠错、奖励激励工作。建立更加严格的问责激励机制。建立由各级党委负责的生态文明追责统筹机制，有序将第三方机构吸纳为考核主体。加强污染防治攻坚战成效考核，加大问责力度，对环保督察发现问题整改不力的，及时客观公正地开展问责追责，推动环境监测数据造假等违法行为入刑，有关情况公开发布。完善激励机制，设立生态文明绩效考核奖，将生态文明绩效考核与财政奖补资金、用地指标、干部任用等挂钩，增强各级领导干部工作积极性、主动性。

（三）以自然资源调查监测和确权登记为基础，建立国家生态文明战略目标导向的自然资源资产产权制度

坚持"保护优先、集约利用，市场配置、政府监管，物权法定、平等保护，依法改革、试点先行"原则，以调查监测和确权登记为基础，以完善自然资源资产产权体系为重点，以落实产权主体为关键，着力促进自然资源集约开发利用和生态保护修复，建立归属清晰、权责明确、保护严格、流转顺畅、监管有效符合国家生态文明战略目标导向的自然资源资产产权制度。

推进自然资源确权登记制度。在不动产统一登记的基础上，实现对省内水流、森林、山岭、荒地、滩涂等国家所有自然资源统一确权登记，清晰界定各类自然资源的产权主体，推动自然资源严格保护和有效监管。加强自然资源登记信

息的管理和应用，依法向社会公开自然资源确权登记结果，加强登记信息的互通共享。构建分类科学的自然资源资产产权体系，根据山水林田湖草等各类自然资源资产实际，按要求制定自然资源资产分类清单，基本建立分类合理、内容完善的自然资源资产产权体系，解决权力交叉、缺位等问题。

深入推进全民所有自然资源资产有偿使用制度改革，依法制定自然资源资产有偿使用准入条件、取得方式和审批程序，完善全民所有自然资源资产价格评估方法和管理制度，建立有偿使用信息公开和服务制度，健全自然资源产权交易平台及交易机制，确保国家所有者权益得到充分有效维护。建立符合江西省实际的全民所有自然资源资产有偿使用制度，规范完善国有森林资源资产有偿使用制度，重构林权流转服务平台，健全林业金融服务平台。建立健全农村综合产权交易网，打造各类农村资产、资源供求双方对接平台；建立健全林业承包经营权流转服务制度体系，探索成立林权流转法律服务站，为林农提供法律服务。

加强自然资源资产产权监管，整合测绘、土地、矿产、地质、水资源、森林、草原、湿地等自然资源要素及管理数据，建设全省自然资源资产产权管理综合平台，全面提升监督管理效能。紧紧围绕自然资源资产产权制度改革涉及的具体内容，积极开展全民所有自然资源资产所有权委托代理机制试点，明确委托代理行使所有权的资源清单、管理制度、收益分配制度，促进生态保护修复的产权激励机制试点以及健全产权体系，吸引社会资本参与生态保护修复，促进资源集约开发利用和加强产权保护救济的试点，形成可复制可推广的制度成果。建立健全自然资源资产和环境污染损害赔偿与责任追究机制。研究自然资源资产损害类型、主体、形式和内容，建立对自然资源资产重大损害案例发现、纠错、赔偿和责任追究制度，切实维护所有者权益。

（四）以"三生"空间优化和用途管制制度为重点，建立健全国土空间规划及实施制度

国土空间规划是国土空间开发保护制度的基础，也是"多规合一"的重要载体。生态环境部门积极参与国土空间用途管制和空间结构调整，着力提高生态环境基础数据的精细化、系统化水平，准确把握资源环境承载力、环境容量等空间信息，按照生态保护红线、环境质量底线、资源利用上线要求，推动生态环境保护工作主动引领和积极服务于国土空间规划。细化空间分类分区管治，适应以国土空间规划为统领的生态环境空间治理模式，促进人口、经济、资源、环境在空间上的协调；在空间规划的指导下推进退耕还林、还湖、还草，封山育林、植树造林等工作，提高生态空间质量；在国土空间规划基础上细化空间控制单元，

编制环境准入清单,完善禁止和限制发展的行业、生产工艺和产业目录以及高耗能、高污染和资源型行业准入条件。

坚持生态优先、绿色发展,尊重自然规律、经济规律、社会规律和城乡发展规律,在资源环境承载能力和国土空间开发适宜性评价的基础上,科学有序统筹布局生态、农业、城镇等功能空间,划定生态保护红线、永久基本农田、城镇开发边界等空间管控边界,分级分类制定管控规则,强化底线约束。坚持山水林田湖草生命共同体理念,加强生态环境分区管治,明确国土空间开发保护总体目标,确定国土空间开发强度、建设用地规模、生态保护红线控制面积、耕地保有量及永久基本农田保护面积、用水总量和强度控制等约束性指标;构建生态廊道和生态网络,以及体现江西特色的自然保护地体系和历史文化保护体系。坚持区域协调、城乡融合、以人为本,优化国土空间结构和布局,统筹地上地下综合利用,着力完善交通、水利等基础设施和公共服务设施,延续历史文脉,加强风貌管控,彰显地域特色。坚持上下结合、社会协同,完善公众参与制度,发挥不同领域专家的作用。积极运用城市设计、乡村营造、大数据等手段,改进规划方法,提高规划编制科学性。

以空间规划实施体系为载体,探索建立山水林田湖草系统修复和综合治理机制,开展山水林田湖草生态保护修复试点与生命共同体示范区建设,打造山区、平原丘陵区、城市滨湖区等不同类型山水林田湖草生态保护修复和综合治理机制样板。建立健全自然生态空间占用补偿机制[4],坚持"谁占用、谁补偿"原则,建立健全依法建设占用各类生态空间和压覆矿产的占用补偿制度严格占用条件,提高补偿标准,积极推进生态保护修复,出台吸引社会资金参与生态修复项目的政策措施,开展废弃露天矿山生态修复工作。对责任人灭失的,遵循属地管理原则,由各级政府组织开展修复工作。照"谁修复、谁受益"的原则,通过赋予一定期限的自然资源资产使用权等产权安排,鼓励和引导社会投资主体从事生态保护修复,出台激励社会资本投入历史遗留矿区生态修复的政策措施,探索新的修复模式。

第四节　持续拓宽生态产品价值实现多元化路径

优质生态产品是最普惠的民生福祉,是维系人类生存发展的必需品。生态产品价值实现的过程,就是将生态产品所蕴含的内在价值转化为经济效益、社会效益和生态效益的过程。建立健全生态产品价值实现机制，既是贯彻落实习近平生态文明思想、践行"绿水青山就是金山银山"理念的重要举措，也是坚持生态优先、推动绿色发展、建设生态文明的必然要求。

一、生态产品价值实现的主要做法

作为维系生态安全、保障生态调节功能、提供良好人居环境的自然要素，生态产品具有典型的公共物品特征，其价值实现的路径主要有三种：①市场路径，主要表现为通过市场配置和市场交易，实现可直接交易类生态产品的价值。②政府路径，依靠财政转移支付、政府购买服务等方式实现生态产品价值。③政府与市场混合型路径，通过法律或政府行政管控、给予政策支持等方式，培育交易主体，促进市场交易，进而实现生态产品的价值。从国内外已有的实践来看，生态产品价值实现的主要做法包括：

（一）生态资源指标及产权交易

该模式是针对生态产品的非排他性、非竞争性和难以界定受益主体等特征，通过政府管控或设定限额等方式，创造对生态产品的交易需求，引导和激励利益相关方进行交易，是以自然资源产权交易和政府管控下的指标限额交易为核心，将政府主导与市场力量相结合的价值实现路径。

（二）生态修复及价值提升

该模式是在自然生态系统被破坏或生态功能缺失地区，通过生态修复、系统治理和综合开发，恢复自然生态系统的功能，增加生态产品的供给，并利用优化国土空间布局、调整土地用途等政策措施发展接续产业，实现生态产品价值提升和价值"外溢"。

（三）生态产业化经营

该模式是综合利用国土空间规划、建设用地供应、产业用地政策、绿色标识等政策工具，发挥生态优势和资源优势，推进生态产业化和产业生态化，以可持续的方式经营开发生态产品，将生态产品的价值附着于农产品、工业品、服务产品的价值中，并转化为可以直接进行市场交易的商品，是市场化的价值实现路径。

（四）生态补偿

该模式是按照"谁受益、谁补偿，谁保护、谁受偿"的原则，由各级政府或生态受益地区以资金补偿、园区共建、产业扶持等方式向生态保护地区购买生态产品，是以政府为主导的价值实现路径[5]。如湖北省鄂州市探索生态产品价值核算方法，统一计量自然生态系统提供的各类服务和贡献，并将结果运用于各区之间的生态补偿，让"好山好水"有了价值实现的途径，激发了"生态优先、绿色发展"的内在动力。

二、促进生态产品价值实现的关键环节

生态产品价值实现是一项理论性强、政策性强、操作性强的系统工程，必须按照"政府主导、企业和社会各界参与、市场化运作、可持续的生态产品价值实现路径"要求，从实际出发，推动制度创新、试点实践和政策制定。

作为生态产品的自然本底和生产载体，自然资源为生态产品的生产和价值实现提供了最基本的物质基础和空间保障，自然资源部门应当成为生态产品价值实现的制度供给者和重要管理者。自然资源领域促进生态产品价值实现的关键环节包括：

一是坚持规划引领，科学合理布局。充分发挥国土空间规划的引领和约束作用，科学布局生产空间、生活空间、生态空间，保持自然生态系统的原真性、整体性和系统性，不断提高优质生态产品的供给能力。对于生态环境良好地区或重点生态功能区，在加强生态保护的同时，鼓励发展生态产业并留有一定发展空间，促进生态产品价值实现。对于适宜开展生态保护修复和接续产业发展的区域，可以根据生态修复和后续资源开发、产业发展等需要，合理确定区域内各类空间用地的规模、结构、布局和时序，优化国土利用格局，为合理开发和价值实现创造条件。

二是管控创造需求，培育交易市场。通过政府管控或设定限额等措施，创造对生态产品的交易需求，引导和激励利益相关方开展交易，通过市场化方式实现生态产品的价值。耕地占补平衡和森林覆盖率等指标交易、碳排放权、排污权、用水权等配额交易、林权等产权交易，都是通过政府管控与市场交易相结合的方式实现其价值。

三是清晰界定产权，促进产权流转。生态产品是自然资源的结晶产物，自然资源的产权决定了生态产品的产权归属。对自然生态系统进行调查监测和确权登记，摸清区域内自然资源的数量、质量、权属等现状，开展生态产品价值评估，是实现生态产品价值的基础。同时，将分散的自然资源使用权或经营权进行集中流转和专业化运营，也有利于提升生态产品的生产能力，创新多元化、市场化的生态产品价值实现模式。

四是发展生态产业，激发市场活力。将生态产品与各地独特的自然资源、历史文化资源等相结合，发展生态旅游、生态农业等生态产业，将生态产品的价值

转化为可以直接市场交易的商品价值，通过游客"进入"消费、商品"对外"销售等方式激发市场活力，促进生态产品价值实现[6]。

五是制定支持政策，实现价值外溢。除直接市场交易外，生态产品的价值还可以通过土地等资源载体的增值和"外溢"来实现。因此，在生态产品价值实现的过程中，需要因地制宜地制定支持政策和激励措施，包括国土空间规划中的功能分区、规划用地布局、土地供应、建设用地用途转换、资源有偿使用、生态补偿政策等。

参考文献

［1］秦英洁，刘春腊．中国省域生态文化健康评价及时空演化特征［J］．资源开发与市场，2022，38（9）：1109-1115.

［2］徐升华，吴丹．基于系统动力学的鄱阳湖生态产业集群"产业—经济—资源"系统模拟分析［J］．资源科学，2016，38（5）：871-887.

［3］庞洁，丘水林，靳乐山．生态补偿政策对农户湿地保护意愿及行为的影响研究——以鄱阳湖为例［J］．长江流域资源与环境，2021，30（12）：2982-2991.

［4］周晨，丁晓辉，李国平，等．南水北调中线工程水源区生态补偿标准研究——以生态系统服务价值为视角［J］．资源科学，2015，37（4）：792-804.

［5］徐素波，王耀东．生态补偿问题国内外研究进展综述［J］．生态经济，2022，38（2）：150-157+167.

［6］颜建军，谭伊舒．生态产业价值链模型的构建与推演［J］．经济地理，2016，36（5）：168-174.

后记一

推动生态产品价值实现是贯彻落实习近平生态文明思想和大力践行"绿水青山就是金山银山"理念的重要内容。习近平总书记在党的二十大报告中已深刻阐明了中国式现代化是人与自然和谐共生的现代化，对推动绿色发展、促进人与自然和谐共生作出重大安排部署，为推进美丽中国建设指明了前进的方向。

在此背景下，江西省立足优越的自然生态条件，以持续深入推进国家生态文明试验区建设为抓手，大力践行"绿水青山就是金山银山"理念，因地制宜推动"绿水青山"与"金山银山"双向转化，积极探索生态产品价值实现路径，奋力书写新时代践行"两山"理念的江西答卷，在不断积累生态产品价值实现"江西经验"的同时，也为全国其他地方更好地推动生态产品价值实现、建设美丽中国提供了借鉴参考。

绿色生态是江西的最大财富、最大优势和最大品牌。如何将江西省生态优势转化为百姓的财富、发展的优势和区域的品牌，使绿色生态成为赣鄱大地高质量发展的动力和百姓幸福的源泉，是当前江西省社会经济发展的重要议题。

因此，本人及其团队长期对江西省生态产品价值实现进行系统研究。本书首先从理论探析、实现要素、实现路径、制度保障等维度对生态产品价值实现的理论层面进行了深入解析。以典型案例的形式重点剖析了江西省及其兄弟省份生态产品价值实现的成功经验，在此基础上针对性地提出了江西省实体产品价值实现的建议与对策，以期为江西省绿色高质量发展和国家生态文明试验区建设提供理论指导和科学依据。

这本专著是本人多年来在江西省发展和改革委员会工作成果的系统总结。在写作的过程中，得到了本领域相关同行的鼎力支持，他们分别是：江西财经大学生态文明研究院院长谢花林教授、南昌大学江西生态文明研究院万炜讲师，还要感谢江西财经大学对本书出版的课题资助。

习近平总书记曾经多次感慨："人不负青山，青山定不负人。"说明只有不负"绿水青山"，才能得到"金山银山"，才能有更加美好的未来。因此，只要持之以恒坚持以习近平生态文明思想为引领，大力践行"两山"理念，持续推动"两山"双向转化，多措并举、协同发力、久久为功，就一定能够更加充分、全面地释放出生态产品的经济、社会和生态等多重价值，实现人与自然和谐共生、经济发展与生态保护协同共赢。

在本书的写作过程中，参考了相关学者的论文和著作，在此一并致谢！由于水平和时间的限制，对于本书中出现的纰漏，敬请原谅！

后记二

建立健全生态产品价值实现机制，是贯彻落实习近平总书记生态文明思想的重要举措，是践行"绿水青山就是金山银山"理念的关键路径，是从源头上推动生态环境领域国家治理体系和治理能力现代化的必然要求，对推动经济社会发展全面绿色转型具有重要意义。为加快推动建立健全生态产品价值实现机制，江西省走出了一条生态优先、绿色发展的新路子。

"万物各得其和以生，各得其养以成。"以生态保护实现生态产品价值增值，促进人与自然和谐共生，江西以生态保护之"定"谋绿色发展之"变"。"'绿水青山就是金山银山'，如何将自然生态优势转化为经济社会优势，积极探索生态产品价值实现机制，走出一条政府主导、企业和社会各界参与、市场化运作、可持续的生态产品价值实现路径，是长江经济带生态经济体系建设的重要内容之一。"

近年来，江西省委、省政府高度重视生态产品价值实现工作，牢牢把握国家生态文明试验区建设和国家生态产品价值实现机制试点的双重机遇，以国家试点为引领，以省级试点为支撑，积极探索"绿水青山"与"金山银山"的双向转化路径，在生态产品价值实现机制方面开展大量探索，取得明显成效，形成了一批具有示范效应的可复制、可推广的经验做法。

江西省是全国首个国家生态省、生态文明先行示范区和国家生态文明试验区，开展江西省生态产品价值实现战略研究是实现国家要求的关键理论基础，对于开展生态环境损害赔偿、领导干部自然资源资产离任审计、生态文明绩效考核等具有重要指导意义。

习近平总书记视察江西时指出，"绿色生态是江西最大财富、最大优势、最大品牌"。在国家全面推动建立健全生态产品价值实现机制之际，江西省作为兼具国家生态文明试验区和国家生态产品价值实现机制唯一试点省份，有基础、有条件、有信心，也有责任率先建立健全生态产品价值实现机制，努力闯出一条新时代绿色发展的有效路径，为形成具有中国特色的生态产品价值实现机制提供

"江西方案"。

基于上述目的，本书系统梳理了生态产品价值实现的相关理论、实现要素、实现路径与实现制度保障；再结合江西省独特的生态优势，提出了江西省以生态保护促进生态产品价值实现、以生态旅游推进生态产品价值实现、以生态农业实现生态产品价值实现、以生态工业推动生态产品价值实现、以绿色金融助推生态产品价值实现和以制度改革保障生态产品价值实现的成功案例。在通过引入兄弟省份生态产品价值实现的发展模式与成果经验的基础上，提出江西省生态产品价值实现的对策建议。

当前正值巩固脱贫攻坚成果与有效衔接乡村振兴战略的关键时期，须尽力挖掘江西省优秀生态产品，促进其价值转化，打造一批生态友好、高值富民、市场认可的产品，为江西省实践"两山"理论、彰显生态优势绿色崛起奠定基础。

本书的出版得到了东华理工大学徐步朝、江西财经大学肖文海等专家的指导与支持。在此，特向为本书的编撰做出贡献的专家、教授、政府管理人员致以衷心的感谢。